あらがうドラマ

Dramas of Resistance

「わたし」とつながる物語

西森路代
Michiyo Nishimori

303 BOOKS

あらがうドラマ

「わたし」とつながる物語

まえがき

「日本のドラマはつまらない」と言う話をよく聞く。特に私は韓国の作品について書く仕事も多いため、「韓国ではあんなに社会を映しているのに……」と比較して言われることもある。これは当てはまるところもあれば当てはまらないところもあるだろう。日本のドラマには、政治を描いたものは少ないかもしれないが、社会やフェミニズムを描いたものはたくさんある。

日本の作品に対して厳しいのは良いことだ。やみくもに「日本スゴイ」と持ち上げたのでは、真実が見えなくなる。海外の作品の良さを見つけることで、日本で当たり前に思えていたことが、一歩外に目を向ければ当たり前でないことに気付くことができる。一方で、国内にも自分たちにとって身近な感覚が反映された作品があることを説明するのは難しかった。

そんな風に考えていた折に、連続テレビ小説『虎に翼』が始まった。この作品には、女性が人生を選択する際に感じる障壁、男子学生たちのホモソーシャル、年配の男性が女性の可能性を一部は認めて応援しながらも滲み出てしまうパターナリズム、夫婦別姓の是非、性的マイノリティの感じる困難、在日朝鮮人が味わう差別などなど、回を追うごとにテーマがどんどん加わっていった。

そしてこのドラマの軸には憲法第十四条があり、「すべて国民は、法の下に平等であつて、人種、信条、性別、社会的身分又は門地により、政治的、経済的又は社会的関係において、差別されない。」という条文が重要なシーンで何度も使われていた。

今回、脚本家の吉田恵里香さんと対談をする機会を得た。彼女は、後に続く人がこうしたドラマを作りやすいように様々な要素を盛り込んだのだと言う。また、今後も怖がらずに態度で示していくことが重要とも語っている。

その姿勢による影響があるのかどうかはわからないが、『虎に翼』が終わった後に始まったドラマでも、フェミニズムを描いた『若草物語 ―恋する姉妹と恋せぬ私―』や、定時制学校に通う多様な生徒たちを描いた『宙わたる教室』、教育の現場にあるタブーと権力にまで切り込んだ『御上先生』など、良質のドラマがどんどん作られている。

日本で見るべきドラマを探していた人に、うまくその魅力を伝えられずにいたが、『虎に翼』で関心を持った人に、他にもこんなドラマがあるということを知ってもらいたい、その良さをもっと共有したいと思ったことが、この本を書いたきっかけだ。

書き終わってみると、取り上げたドラマたちは、今の現状を打破しようと「あらがっている」ドラマばかりになっていた。

目次

生殖

性加害

たたみゆく暮らし

出会いと分岐点

虎に翼

特別対談

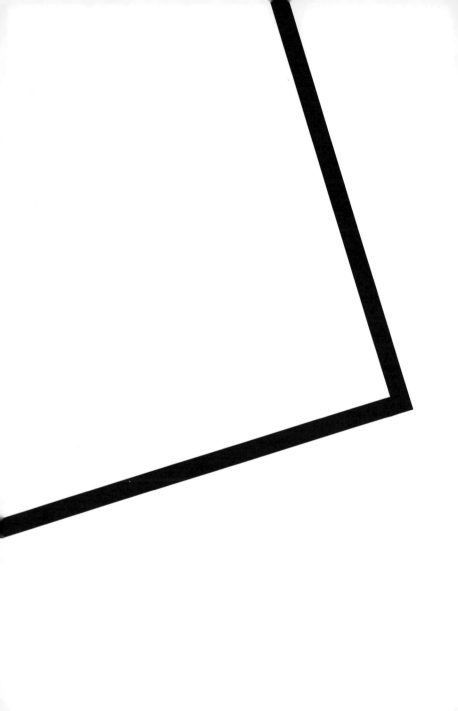

組織と労働

人々が無意識に女性にかけている「呪い」に気付かせてくれた

『逃げるは恥だが役に立つ』

この本を書き始めるにあたって、一本目に書く作品を何にしようかとかなり迷った。掲載の順番に関係なく、これからどのような主軸で書いていくのかの基準にもなるからだ。

そんな中で、やはりフェミニズムの文脈を意図的に取り上げた二〇一六年の『逃げるは恥だが役に立つ』をおいて他にはないだろうと考えた。海野つなみの同名漫画を原作にしたこの作品は、今見直しても色あせない。

大学院を卒業しながら、望みの企画の仕事には就けず、派遣社員をしていた森山みくり（新垣結衣）。真面目に働いていたものの、院卒でしっかりしているみくりなら、どこでもやっていけるだろうと派遣切りにあってしまう。

そんなとき、みくりの父親は、知り合いの青年・津崎平匡《ひらまさ》（星野源）が家政婦を探しているという話をみくりに持ちかける。無職のみくりはこの話に乗っかり、平匡の家で家政婦をすることになるのだった。

思いついたことをどんどん実行に移すみくりの父親は、今度は横浜の家を引き払って、千葉の館山の古民家で暮らすことを突然決意する。当初は父母についていくつもりだったみくりだったが、平匡と偽装で結婚をすれば移住することもなく、今と変わらぬ暮らしが続けられるのではと考え、周囲には内緒で平匡に「契約結婚」を提案する。

ひょんなことから見知らぬ男女が共同生活をはじめ、次第に愛情が生まれるという物語は多い。『ロングバケーション』（一九九六年）や『イタズラなＫｉｓｓ』（一九九六年）などが代表的だが、この傾向は韓国や台湾でも見受けられ、今に至るまで無数に作られてきた。

女性であるみくりが家事を担い、男性である平匡が仕事を担うという、性別役割分業ガチガチの設定に、原作を読んだりドラマ化されたりするまでは、違和感を持っていた。なぜなら、フェミニズムを描きたいならば、その性別役割分業をひっくり返した設定が選ばれることが多いし、そのほうが、意義がわかりやすいからだ。

しかし、ドラマを見ていくとそれは思い込みであったと気付く。『逃げ恥』は、あえて性別役割分業をデフォルメすることで、そこにある問題をフェミニズムの見地から意識的に暴こうとしているのだ。

それがわかるのは、みくりと平匡がお互いに好意を抱き始めてからだ。奥手な平匡をみくりがなんとか鼓舞して初夜を迎え、ラブラブな時間を過ごした数日後、平匡は突然、みくりを特別なレストランでの食事に誘い、改まった様子でプロポーズする。そして、今まで家政婦としてみくりに払っていた給与を生活費や貯蓄にまわそうと提案する。その背景には、平匡が会社でリストラにあったということもあったが、これに対してみくりは「好きの搾取です！」と宣言するのだった。

これは衝撃的で忘れられないシーンである。これまでのドラマなどにおける夫婦間では、ふたりの間に「好き」があれば、夫は外で働き、妻が無償で家事をするという分業は当然とされてきたことであるが、そのことに異を唱えているからだ。近年は、こうした夫婦間の役割分業は少しずつ薄れ、共働きをすることも多くなった。妻が主にワンオペで子育てや家事など家庭内の一切を取り仕切るにしても「愛情があれば無償でやって当然」とは思われにくくなってきている。しかし、恋愛感情が生まれて結婚が見えてきた途端に、「結婚したら家事は無償でやって当然でしょ?」と言う平匡のようなある意味(悪い意味での)ピュアな夫をあからさまに描き、問題提起した漫画やドラマはなかった。ただ、このドラマの良いところは、みくりが違和感を伝えれば、平匡に響くというところである。平匡はみくりの訴えを聞いて、愛情があればシステムは必要ではないと思っていた自分は間違っており、そう簡単なことではなかったと反省し、「夫も妻も共同経営責任者である」から「雇用関係ではない、新たなるシステムの再構築」をしようと提案する。

こうした関係性が成立するのは、平匡の柔軟さとともに、何か問題が起こったときに論理的に考えて解決に向かわせるみくりの力があるからだ。

このようなみくりの性質は、ドラマ内では「小賢しい」と表現される。この「小賢しい」ということをわかりやすく説明すると、「可愛げがない」ということになるだろう。これまで元カレの言動に対して、批判や分析をして、そのまま論理的に伝えたときに、みくりは「小賢しい」と言われてきたのである。

この「小賢しい」という表現に、ジェンダーは関係ないと原作者は言ってはいた。確かに無関係な場合もあるとは思う。

しかし、「小賢しい」という言葉ではないにしても、多くの女性は「可愛げがない」と言われたことがあるのではないだろうか。例えば少し勉強ができたり、口が達者であったり、論理的に物事を説明したり、男性を立てなかったりしたときに、「可愛げがない」と言われたことの一度や二度はあるのではないだろうか。

先述の通り、ドラマの冒頭でみくりは一般企業で派遣社員をしているが、みくりよりもあきらかに失敗の多い女性が雇用契約を継続することになり、大学院も出ていて仕事も完璧なみくりのほうが派遣切りにあってしまう。そのシーンからは、みくりのように、派遣社員の労働環境に異論を唱えたりするような「小賢しさ」を持っている人よりも、失敗してもいいから、社員たちに小うるさいことを言わない「可愛げ」のある人が求められていることが透けて見えた。

みくりが「小賢しい」と言われていたシーンは、今でもことあるごとに思い出されるのだが、このドラマで可視化してくれたことで、ささいなことでも、これは性差別のひとつなのだと意識できるようになった。そして、みくりが「小賢しい」と言われながらも、疑問を口にし、論理的に考え、問題の解決に向かうキャラクターだったからこそ、家庭内での性別役割分業や、家事の無償化について自分で考えて、それを「好きの搾取」と訴えることができたのだ。

このドラマでもうひとつフェミニズムを感じた部分がある。それはみくりの伯母で独身のアラフィフ女性・土屋百合（石田ゆり子）のシーンである。「百合ちゃん」は、平匡の同僚で十七歳年下の風見涼太（大谷亮平）から好意を寄せられているが、彼女は「甥っ子ほども離れているから」と風見を突っぱねている。一方、風見は、取引先の若い女性である五十嵐杏奈（内田理央）から好意を寄せられている。

この五十嵐は、百合ちゃんを恋敵と見ており、彼女に対して「五十にもなって若い男に色目使うなんて、むなしくなりませんか？」「アンチエイジングにお金を出す女はいるけど、老いをすすんで買う女はいない」とふっかける。これに対して百合ちゃんが「今あなたが価値がないと切り捨てたものは、この先あなたが向かって行く未来でもあるのよ」と、それが「呪い」であることを指摘し、「自分に呪いをかけないで」と諭すのである。

五十嵐の言葉は、女性が年齢を重ねることに価値がないとか、女性が年齢を重ねたら恋愛市場においての価値がないと言っているのだから、今なら「エイジズム」や「セクシズム」であることがわかるが、当時の私はこの言葉を知ってはいても、うまく使いこなせてはいなかった。

当時、女性にかけられた「呪い」についてこのドラマが可視化してくれたことは、今でも貴重なことだと思うし、このドラマが初めてであったように思う。だからこそ、この言葉は人々に刺さり、今でも無意識で「エイジズム」や「セクシズム」や性役割などのさまざまな「思い込み」に振り回されてしまったときに、それは「呪い」なのだと気付かせてくれるようになった。

ひとつひとつの関係性を大事にしていけば、
私たちは生きていける

『獣になれない私たち』

二〇二四年に大ヒットした映画『ラストマイル』ではECサイトで働いていたり、配送業に従事したりしている人たちが、いかに効率を求められ、追い立てられるように生きているかが描かれていた。そんな毎日の中でふと魔が差して、ある登場人物は、倉庫内で上階から地上へ飛び降りてしまう。

この映画は、野木亜紀子脚本、塚原あゆ子演出の『アンナチュラル』（二〇一八年）や『MIU404』（二〇二〇年）と世界を共有した話のため、映画を見て、その二作品を思い浮かべる人がほとんどかと思うが、私はなぜか同じ野木亜紀子脚本の日本テレビ系のオリジナル作品『獣になれない私たち』（二〇一八年）を思い出した。

なぜかというと、このドラマの主人公の深海晶（新垣結衣）が、やはり追い立てられるように日常を過ごしていたものの限界が来て、地下鉄の駅で線路に吸い込まれそうになるシーンがあるからだ。『ラストマイル』で飛び降りた登場人物も、死にたいという確固たる意志があったわけではないだろう。何か、すーっと吸い寄せられるような無意識の状態だったように見受けられた。

晶が線路に吸い込まれそうになったのは、働いているECサイトの制作会社（奇しくも『ラストマイル』に出てくるものと近い業種であった）で、営業アシスタントとして雇用されているにもかかわらず、営業の社員の教育係から、秘書的な業務までさせられているからだ。

元々大手建設会社で派遣社員をしていたときから優秀だった晶は、会社の上司からの紹介でECサイト制作会社に社員として雇用されたのだが、朝は誰よりも早く来てコーヒーメーカーをセットし、ひととおりの掃除をして、社長が来るまでに資料を準備する毎日だった。

私が派遣で働いていたときも、慣習として、当番制で始業時間よりも十五分早く来てコーヒーをセットさせられていた。それは派遣社員の厚意ということで、無償でやらされていたことだった。厚意とは書いたが、その会社に派遣で行くことになったときに、派遣社員のリーダーのような人から、こういう雑務を派遣社員の女性が当番制でやることになっていますと説明を受けたのだから、厚意でもなんでもない。今となっては、十五分早く行くのではなく、業務時間内にすればよかったのではないかと思うが、そもそも、ケア的な業務を派遣社員の女性というくくりでやらされていること自体が問題だったと思えてくる。

実際の私は、朝の十五分でも早く行くことに不満がたまっていた。また、一週間ごとの交代制でやっていたもうひとりの派遣社員が、当番の日に断りもなく遅刻することもあった。そうなると、社員たちの飲むコーヒーが準備されていないことでいたたまれなくなり、しぶしぶ自分が自主的に彼女の代わりにコーヒーをセットすることも多々あった。今になってふりかえると他愛のないことだし、数回、代わってあげたからって、そんなに気にすることではないのでは？　と思えるが、そのときはそんな風に余裕を持って考えることはできなかった。

晶がいつもニコニコと先回りをして仕事をしているのは、彼女が「いい子」だからではない。職場で地位が低い役割だと認識している社員は、それをやらないと自分に会社での存在価値がないのではないかと心配になってしまうからだろう。晶もいたたまれなくなって、勝手に身体が動いてしまうのではないか。しかも晶は親との関係性が思わしくなく、帰れる場所がない。これは同じく新垣結衣が演じた『逃げ恥』の森山みくりとは違うところである。もちろんみくりだって仕事がなくなったら困るけれど、他にやりたかったこともあり、今の派遣先が自分のたったひとつの居場所であるとは考えていない側面もあったのではないだろうか。その後、晶は心に辞表という爆弾を隠し持つことで、社長や同僚たちに自分の意見を言えるようになる。

晶はセクハラの被害にもあっていた。取引先で他の社員が失敗したことを代わりに謝るはめになり、土下座を求められ、事態を収めるために従ったところ、取引先の男性社員に「よしよし」と頭をなでられてしまうのだ。

このシーンは見ていて心底「うへーーー」となった。リアルタイムで視聴していた人たちもSNSに同様の嫌悪感を投稿していたのを覚えている。

このドラマが放送されていた二〇一八年は、二〇一四年から続く「壁ドン」ブームの名残があり、まだ「親しくもない人から勝手に頭をなでなでされる」ことの気持ち悪さを言語化（実際には映像化だが）しているドラマや映画はほとんど見受けられなかった。「壁ドン」も「顎クイ」も「頭なでなで」も、女性たちが「萌え」や「胸キュン」に至るスイッチのように語られてばかりであったが、実は関係性やシチュエーションによってはセクハラになると描いてくれたことは、フェミニズム的にも前進だった。

その後、晶は社長に改善要求をして、多少は会社内での風通しも良くなるのだが、やっぱり、社内のもろもろを笑顔で引き受けることとなり、ふたたびストレスがマックスに。そのときに「幸せなら手をたたこう」を晶が鼻歌で歌っているのだが、彼女が無理をしているのがわかって、非常に不気味で怖いシーンになっていた。

そんなとき、業務で写真を撮るために訪れたビルの外階段から地上を見て、ふと誰かに連絡がしたくなるというシーンがある。携帯の連絡先をスクロールして相手を探してみたが、彼女が連絡できたのは彼氏の花井京谷（田中圭）の母親・千春（田中美佐子）だけであった。それは晶に頼れる人がいないことを表していた。このときの晶も、階段から地上に吸い込まれそうな境地だったのではないだろうか。

晶の彼氏の京谷は、一見、理想的な交際相手だった。派遣社員の頃から同僚として晶のことを気遣い、自分が仕事で成果を挙げたときも、「派遣の深海さんの頑張りがあったからだ」と社員たちに示すことができる人だし、会社の飲み会などで、晶にケア役割を担わせるようなこともなかった。ふたりはそれぞれに交際相手がいたが、仕事の話をするうちに自然とつきあうようになったのである。

京谷はつきあう前は晶にケア役割を求めたりしないようにふるまっていたが、晶とつきあって親密な関係性になってくると、傲慢なところが見え始めるようになっていた。それが現れるのが、第一話の冒頭である。行きつけのバーで、尖ったファッションをしているアパレルブランドのデザイナー兼モデルの橘呉羽（菊地凛子）に対して、「あれ好きな男、そうそういなくない？」と言う。女性のファッションは、男性に好ましく思われるためにあると思っている人はいるが、まさに京谷がそう考えている男性だとわかるセリフであった。他にも、晶との関係性が不穏になり、晶が反論すると「今の晶、かわいくない」と言ったりすることもあった。つまり京谷は保守的で「女性にはこうであってほしい」という理想像を持っているのだ。

京谷は、もうひとつ重大な問題を抱えていた。それは、前の彼女の長門朱里（黒木華）と別れているにもかかわらず、就職するまでという条件で、京谷のマンションに住まわせていたことだ。

晶と朱里は最初は反発しあっていたが、ひょんなことからふたりで話すようになる。しっかり者で仕事ができる晶と、引きこもっていて外に出たらトラブルばかり起こしてしまう朱理は正反対の存在のように思えるが、晶は自分たちは似ているのではないかと言う。もしも京谷と出会った順番が逆であれば、自分が朱里のようになっていたのではないかと。ふたりは帰れる実家がないことでも共通していたのだった。

京谷は、目の前で苦しんでいる朱里をうっとうしく感じ、正反対の「毎日笑顔で、みんなに頼られて前向きに生きてる」ような晶を好んだ。それをわかった上で晶は「明るくてものわかりのいい、優しい女を続けて」いたことを朱里に語る。それを聞いた朱里は「京ちゃんは、私にあなたみたいになってほしいんだなって。でも違うから、どんどん逆のことをした」と振り返るのだった。

そのとき、ふと晶は語りかけるのである。「私たち、誰の人生を生きてきたんだろうね」と。この言葉は、ドラマを見た後にも頭にこびりついて離れないものになった。

晶と朱里が、京谷が求めるような自分を演じてきたということで、「誰の人生を生きてきた」かわからないようになってしまったことを意味するのだが、現実社会にもそんな風に、どんな女性であってほしいかという性役割的な期待をかけてくる存在は無数にいるだろう。晶にとっては、会社の社長などもそうだ。些細なことだが、私が派遣時代に、十五分早く来てコーヒーをセットするように期待されたことだってそうだろう。

京谷のことを書いていると、彼がすごく特別で、無意識に人に役割を押し付ける悪いキャラクターに見えるが、行き場のない朱里を四年もの間、恋愛感情なしで家に住まわせて助けた人でもある。人の良さと、無意識に役割を押し付けるような部分は、当たり前だが共存するものなのだ。

晶はこうした経験から、恋愛によって「相手にすがって、嫌われないようにふるまって、自分が消えていって、相手のこともわからなくなる」ようなことは繰り返したくないと言う。それに対して、「ずーっとひとりで生きていくの?」と尋ねる朱里に晶は、千春や朱里と一緒にお酒を飲んだこと、会社の同僚と仕事に喜び、呉羽と会えばハグをし、飲み仲間の恒星(松田龍平)と夜通しゲームをしたようなことを「大事にしていったら、生きていけるんじゃないかな」と語るのだった。

ビルの外階段から、地上に吸い込まれそうになって、携帯の電話帳を見て、千春以外に連絡するところがない、そんな晶ではもうなかった。

弱い立場の人間の「役に立ちたい」という思いにつけ込むジェンダー差別

『わたし、定時で帰ります。』

二〇一〇年代後半まで、一部のドラマを除いて、ヒロインはニコニコしていて職場では愛嬌をふりまいているようなキャラクターであることが多かった。

特に以前の吉高由里子は、CMのイメージなどもあったのだろう、嫌なことがあっても、笑ってスルーするような役を演じていることが多かった。

彼女が二〇一八年に主演した日本テレビの『正義のセ』では、検事の役ながらも、フレッシュでキラキラしていて一生懸命で、そしてドジっ子の役であった。第一回の放送を数分見ただけでも、彼氏とのデートの待ち合わせを前にひったくりにバッグを盗られて、追いかけているうちにシンデレラのごとく靴が脱げてしまったり、検事としての仕事の初日に皆に挨拶するときに、デスクにお尻がぶつかって資料を床にばらまいたりもしていた。

別に吉高由里子だけがそうだったのではない。多くのドラマでは、愛嬌がとりえの女性キャラクターが主人公で当たり前であった。


しかし、朱野帰子が原作で、奥寺佐渡子、清水友佳子が脚本、そして吉高由里子が二〇一九年に主演した『わたし、定時で帰ります。』のキャラクターは、今まで彼女が演じていたものとは違っていた。

このドラマで吉高は、WEB制作会社・ネットヒーローズのディレクター・東山結衣を演じた。結衣は、ひょんなことで靴が脱げたりも、床に資料をばらまいたりもしない。毎日、定時で退社するというモットーを持っているのも、「新しい労働者の姿」を自分自身で体現しているのだ。とても社会的な主人公であると言えるだろう。

しかも、定時で帰ることをモットーとはしているが、ドライなわけではない。会社では中堅の社員として、ありえない行動をする新入社員の面倒を見るし、取引会社のおかしさにも目をつぶったりしない。以前の「なんでも受け入れてスルー」するような役とは真逆であった。

こうした吉高由里子の変化は、二〇二四年に放送の『光る君へ』のまひろ（のちの紫式部）の役にも繋がっているような気がする。まひろは、幼い頃から大人たちのすることをじっと見つめていた。そのような冷静な観察眼が大人になって開花して、宮中の物語を書くようになる。

言うなれば、フェミニズムの考え方に合致するようなキャラクターを『わたし、定時で帰ります。』で演じたことを機に、そのような気概のあるキャラクターを演じることに説得力が増したのだと思う。

『わたし、定時で帰ります。』は、放送当時取り組みが始まった、時間外労働に上限を設ける「働き方改革」とも重なるものがあった。ドラマの中では、定時で帰ることをとがめる社長や同僚も出てくるが、近年は、そういうシーンはあまり見られなくなった。時代の変化を感じる。

このドラマの中で、主人公以外に気になるのが、第四話と第五話に登場する派遣のW

ＥＢデザイナーの桜宮彩奈（清水くるみ）の存在である。

彩奈は現在の職場でも、前職で親しくしていたスポーツメーカーのランダースポーツと取引を始めると知って、旧知であるからこそ、円滑に交渉ができるように奔走する。

また、今の会社に勤める、あきらかに奥手そうなフロントエンジニアの吾妻徹（柄本時生）にも、愛嬌をふりまき、我妻は彼女に簡単に恋におちてしまうのである。

ランダースポーツの社員には旧態依然とした考えの者が多く、自社のＣＭでは「力がなければ男じゃない」という性差別的な広告を打っており、炎上しても意に介さないような会社なのであった。

その後、事件は起こる。ランダースポーツの社員が、ネットヒーローズの提示したデザインを「なんかピンとこない」の一点張りで突っぱね、一から別案を考えて明後日までに提出しろと無茶なことを言いだしたのだった。渋る社員たちをよそに、彩奈はランダースポーツ側に賛同し、勝手に「わかりました。ご用意します」と答えてしまう。

彩奈は他にも、ランダースポーツの社員の飲み会に誘われたり、同社のマラソン大会に出場するよう請われたりもしていて、そのたびに必要以上に愛想良くふるまい、参加する。言ってみれば、以前のドラマでヒロインがやっていた、「嫌なことにも笑顔でスルー」の態度を取っていたのだ。

　そんな彩奈を結衣は、心配しつつも、怪訝な表情で見る。もはや、以前は「好ましい」と思われていた女性の愛嬌のある態度は、セクハラに巻き込まれかねない心配な描写へと変化している。結衣は彩奈に「大丈夫？　無理してない？」「あの人たちの飲み会、ノリ変じゃない？　本当にあれが楽しい？」と声をかけるのだった。

　彩奈は、「私がいると交渉がうまくいくと言われてたんですよ」とご満悦だ。部長の福永（ユースケ・サンタマリア）も、「女性ならではの役割ってあると思うんだよ。平等平等、権利権利言うのも、かえって差別じゃないかと思うんだ」と時代遅れなことを言う（が、いまだにこういう場面に出くわすこともあるものだ……）。

　彩奈は飲み会で「ここの筋肉なんですか？」とランダースポーツの社員の筋肉を指さすような遊びに興じている動画を撮っていたばかりか、参加したマラソン大会の練習で、ランダースポーツ社の露出の多いスポーツウェアを着てほしいと頼まれて、それに応じてしまう。

それまでは平気な顔をしていた彩奈だが、これにはさすがに笑顔が凍りつく。

これをきっかけに、彩奈が断りたくても断れない性格で、我慢していたことがわかるのだ。

ドラマの中では、結衣から怪訝な顔をされていた彩奈だが、派遣という弱い立場にいる女性が、ちょっとくらいのセクハラにも、「自分が平気ならば……」と耐えようとする構造は存在するだろうし、その気持ちも痛いほどわかる。

彩奈は「私程度の腕じゃ、デザインより人づきあいで仕事取るしかないと思って」「でもウェアを着ろって言われたときはさすがに情けなかったです」と気持ちを吐露して、自然と涙をこぼす。


結衣のように正社員で、安定した立場であり、会社で役職もあり責任ある立場の女性ならば毅然と断れることも、派遣社員になると、会社の役に立たないと自分は存在意義がないのではという恐れから、セクハラに笑顔で対応して、それを「仕事の上での頑張り」であると勘違いしてしまうことは想像できてしまう。そこまではなくても、自分さえ「ちょっとくらいの我慢」をすれば済むということはあると思えるからだ。

自分の過去のことを考えてもわかる。存在意義がない、他の社員のようなスキルがないと思ったとき、派遣社員は、愛想良くふるまったり、コミュニケーションを円滑にするという「感情労働」こそが、自分にできるささやかな貢献であると思い込み、実践してしまうことがあったからだ。

そんなことはないと疑う人もいるだろうが、以前、実際の派遣社員のCMで、男性アイドルが派遣社員を見て「キミがいるからシゴトが楽しい。」と語るものがあった。

炎上まではしていなかったこのCMであったが、正社員の男性が「君がいると仕事が楽しい」と発するのは、派遣社員に「仕事が楽しくなるような存在でいてほしい」と考えていることと同義である。私自身、派遣時代に、このような役割を求められているのにそれに応じられないと、存在意義がないのではないかと考えていたからこそ、このキャッチコピーを見るたびに、心がざわついていたのだ。

派遣社員はごくごく最近まで、このような存在であることを望ましいと思われていたのである。

何が物事を複雑にして、何が物事を前進させるか

『エルピス―希望、あるいは災い―』

ドラマ『エルピス』（二〇二二年）が放送されていたときは、毎週月曜日が待ち遠しく、ドラマ好きとして幸せな三か月を過ごした。このドラマの中で、安倍晋三・元首相が、東日本大震災の二年後に、原発事故の影響について「the situation is under control.」（状況はコントロールされており、東京に決してダメージはあたえない）と語った実際の映像を、批判的な文脈のニュースシーンで流したことも話題となった。韓国に比べて日本には、社会を反映した作品が少ないと言われてきたが、日本でもここまで現実の問題をドラマの中に盛り込む社会的な作品が作られるようになったのかと驚いた。

エンディングテーマはSTUTSが音楽プロデュースを手がける音楽集団、Mirage

Collective が担当し、またその映像を『ハイパー ハードボイルド グルメリポート』(テレビ東京系)などのプロデュースで知られる上出遼平が手掛けるなど、日本のカルチャーの成熟を感じさせるクリエイターが集合していて、そのことにもワクワクした。

その上出の手掛けたエンディングは、女性アナウンサーの主人公の浅川恵那(長澤まさみ)がキッチンスタジオでケーキを作り、それをカメラが映しているところから始まる。笑顔で「女子アナ」らしいアナウンサーを演じ、ときにダンスをしながらホイップクリームを泡立てていた浅川だが、オーブンにケーキを入れると状況は一変。ケーキは黒こげのマグマのような不気味な物体に変わっており、不穏なトーンに変わる。

映像を見て私は、女性アナウンサーが「女子アナ」と言われ、笑顔でケアのできる理想の女性像を押し付けられていて、その裏側ではどのような感情でいるのかという状況をクリティカルに表現しているように思えた。

二〇二五年の一月現在この映像を見ると、女性と中居正広との間でなんらかの出来事があり、多額の示談金を支払ったという報道後、女性アナウンサーがテレビ局から接待要員としての役割が期待されているような構造があるという疑惑が噴出したことを思い出す。

何かを告発するときの困難については、この『エルピス』を見れば、容易に見当がつくが、このような「困難さ」を知り、少しでも前進していかなければならないと思う。

それにしても『エルピス』は、日本でなんらかの告発すべきことがあるときに、誰がものごとを複雑にしているのかということが嫌というほどわかるドラマになっている。

物語の主人公の浅川恵那は、かつてはエースアナウンサーとして報道番組のサブキャスターをしていたが、同じ会社の記者である斎藤正一（鈴木亮平）との路上キス写真が週刊誌に報じられ、現在は情報バラエティ番組『フライデーボンボン』のコーナーMCの座にとどまっている。

そんな彼女が、後輩ディレクターの岸本拓朗（眞栄田郷敦）から冤罪事件について相談され、その事件を追っていく話だ。

最初は、浅川も岸本も冤罪事件に対して強いモチベーションがあるわけではなかった。

岸本は、自分が『フライデーボンボン』のひな壇に座るボンボンガールを口説いたことを理由に大山さくら（三浦透子）からゆすられたことがきっかけで、嫌々冤罪事件に関わることになっただけだし、浅川も冤罪事件を追うということがどれだけ大変なことか知っているからこそ、最初は相手にしていなかったが、次第にふたりは事件の真相を真剣に追うようになっていく。

スタッフにしても、この冤罪事件を番組で取り扱いたくないのは、そんなニュースをバラエティでやってもしょうがないという諦めの気持ちと、上層部が黙っていないのではないかという忖度が大きかった。また、生半可な気持ちでやったら、どんなことになるかをかつて報道部にいたチーフプロデューサーの村井喬一（岡部たかし）は指摘する。

しかし、浅川は反対を押し切り、強行突破で冤罪の取材VTRを流す。拒否感を最も露わにしたのは、『フライデーボンボン』のプロデューサーの名越公平（近藤公園）だ。彼は、「給料をもらってる限り、組織からの命令に背く権利はお前にはないんだよ」と、組織の倫理ばかりを語り、「俺らの顔にまで泥を塗った」と浅川を責める。自分は組織の側の人間であり、組織のルールに従順なのに、ルールを守らない人間の行動によって、自分たちまで組織に守られなくなってしまうという恐れが見えた。私が会社で勤めていたときに、一番嫌だったタイプの社員である。

しかし、番組の評判は意外にも上々で高い視聴率を記録した。浅川は、第二回の特集を放送するためにプロデューサーや局長に対して慎重に事を進めなければと考えていたが、局長はこの企画を歓迎。局内には、単に視聴率が良ければOKという単純な人もいたのだった。

ただ、その冤罪事件に、内閣の副総理・大門雄二(山路和弘)の有力な支援者である「本城建託」社長の長男・本城彰(永山瑛太)が関わっていたことで事態はややこしくなる。浅川の元恋人で、記者のエースと目されている斎藤は、その大門に目を掛けられていて、この事実の隠ぺいのために動き始める。

この斎藤が狡猾だ。当初は岸本や浅川に頼られ、情報を得れば共有することもあったのに、大門から指示された途端、冤罪事件の放送があるかないかを探ろうと浅川の家にやってくる。家に来たときは、あきらかに落ち着きがなかったのに、何も知らない浅川が放送が中止になったことを話すと、あからさまにほっとして、その後、泣いていた浅川を抱いて夜更けにあっさりと帰っていく。このとき、気分が悪い浅川に配慮もなく、タバコを吸おうとする身勝手さが、斎藤の性質を物語っていた。

浅川は、こんな斎藤のズルさに気付きながらも、関係をやめられない。しかし、放送時にこの斎藤の魅力に振り回されていたのは、視聴者の自分も同じだ。こういう悪くてズルい役と俳優がぴったりハマると、妙に気になる存在となってしまう。歌舞伎の「色悪」のようなところもあるし、オム・ファタール（運命の男）でもある。斎藤も、自分の魅力で人々を惑わせながら（浅川だけでなく、大門をも惹きつけている）、生きていくしかないのだ。

こうして、事件の真犯人は誰かをつきとめ、冤罪を晴らしたいというシンプルなことが、犯人の父親が大物政治家の関係者だからとか、しがらみによって、どんどんと複雑なことになっていく。

しかし、この複雑さに対して、抵抗する手段はといえば、岸本の言うところの「簡単さ」

である。では、この「簡単さ」とは何だろうか。岸本だって、ドラマの始まったときには、「簡単そう」なキャラクターだった。しかし彼には、学生時代に同級生がいじめによって亡くなった過去があり、それを見て見ぬふりをしたことを、ずっと引きずっていた。あるときに岸本は気付くのである。浅川は、腹が立てば怒る、悲しければ泣くという「簡単さ」で行動している人であったと。その「簡単さ」こそが、なんらかの問題に対して働きかける推進力となる。

過去の苦い出来事があり、また冤罪に関わるようになってから、「バージョンアップ」の途中であったため、一時は「簡単」さを失いつつあった岸本だが、彼の中の「簡単さ」が、冤罪事件を前進させるための原点であることがわかるシーンがある。

それは、村井の紹介で知り合った、『週刊潮流』の編集長の佐伯（マキタスポーツ）との場面だ。佐伯は、局をやめて無職となった岸本を編集部に誘い、記者をやるためには、「本人の中にあるべきものがあるかどうかだ」と、胸を叩きながら言う。「それ」とは、情熱なのか、正義感なのか示されてはいなかったが、「一生それを捨てることもできない」

「死ぬまで奴隷なんだよそれの」と言いつつ、編集部に来れば「それを飯の種にすることができる」とも言っていた。だとしたら、「それ」とは「真実を探ろうとする気持ち」なのだろうか。

「それ」がないと「簡単」にはなれないはずだ。「それ」と「簡単」とは何かを考えていたとき、村井のシーンを見てピンとくるものがあった。村井はあるときは岸本に「悪いけど俺は、野心と欲望のバブル世代だからよ、お前らがふりかざすようなペラペラした偽善とかうすら寒いと思ってるわけ」とうそぶいたりもするが、「デカいスクープ取れたのが嬉しくてしょうがねーし、誰にも渡したくねーしよ、それが人間ってもんだ」と言いながらも、自分がかつてスクープしたがお蔵入りになってしまった大門に関するネタのビデオテープを岸本に託すのだ。言ってることと行動が反対だが、それは村井の照れ隠しだろう。彼なりの正義感が見られるいいシーンだった。

その後、大門が過去に起こした性加害について告発しようとしていた大門の娘婿が、志半ばで急死してしまう。もちろんその死は、病死と発表されてはいるが不自然なものであり、大門が関わっていることは自明であった。しかし、大門は死んだ娘婿について、お涙頂戴のコメントを発表する。村井の知り合いの記者は「大門のちょっと意外な一面」と言ってそのコメントを村井に聞かせるが、村井は記者からその音声レコーダーを奪い取って、踏みつけてぐちゃぐちゃにし、唾をはいてその場を立ち去る。その足で村井は、浅川の出演するニュース番組の収録現場に殴り込みをかけるのだった。

村井は登場したときから暴力的なところがあった。もちろん、スタジオにパイプ椅子を持って殴り込むことは決して善いことではない。でも、その怒りは十分にシンパシーを感じられるものであったし、希望にも思えるシーンになっていた。

村井は、彼が何かを見て自分で感じ、彼自身の中から湧き出た感情で動いている。つまり自分の倫理で動いている。対して、斎藤や名越は、組織の中でのしがらみの倫理で動いているだけで、自分の感情が見られないのだ。

私はこのドラマをリアルタイムで最後まで見た後には、斎藤は選挙に出馬し、与党の内部から世の中を良くしていきたいというモチベーションがまだ心の中に残っているのではないかと思っていた。与党の「内部者」となるために今は日々を耐えているのではないかと思っていたのだが、今回ドラマの最終話を見返した時点では、彼の中に佐伯の言っていた「それ」はないように思えた。

だとしたら、「それ」とは、自分の論理であり、「簡単」とは、自分の論理から見て湧き出た自分の感情、特に「怒り」を露わにすることかもしれない。

実際、このドラマは、「簡単」なだけでは終わらず、まだまだ「複雑」さに折り合いをつけながら、少しでも前に進んでいくしかないという結末のように見えた。実際の世の中でも、ものごとを「複雑」にしている人はたくさんいるし、何をやっても変わらないとあきらめさせられていることが多すぎるのではないかと思い返し、自分も「簡単」な部分をなくさないようにしなければと思ったのだった。

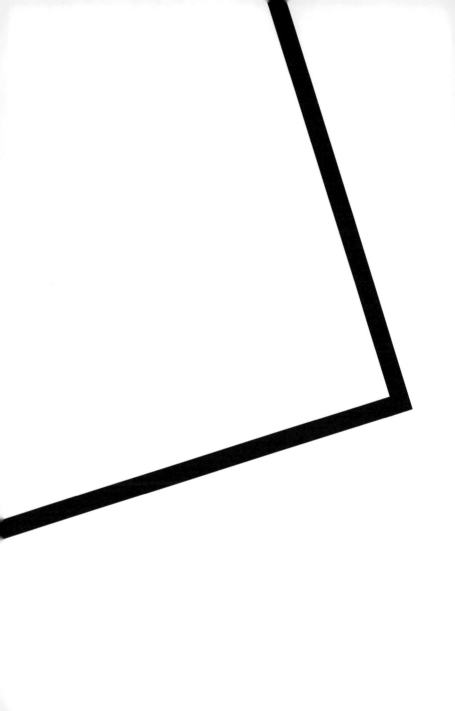

恋愛の現在地

女の「角」は隠さなくてもいいと教えてくれる

『妖怪シェアハウス』

二〇二〇年の八月というコロナ禍真っ只中、『妖怪シェアハウス』は放送されていた。原作のないオリジナルドラマで、脚本を『ケイゾク』（一九九九年）や『SPEC』（二〇一〇年）の西荻弓絵などが担当している。

ジャンルとしては、ラブコメディに妖怪ホラーが組み合わさったユニークなもので、ドラマ好きでなければ、うっかり見落としてしまう作品だろう。しかし、この作品が意外にもど真ん中のフェミニズムを描いているのだ。

主人公の目黒澪（小芝風花）は、交際していた彼氏に二股をかけられた上にふられてしまう。しかも、その彼氏のせいで澪は借金も背負っていた。行く当てのない彼女は、神社で倒れていたところを人間の姿で日常生活を送っている妖怪たちに助けられる。帰る家もお金もない澪は、お岩さん（松本まりか）、酒呑童子（毎熊克哉）、ぬらりひょん（大倉孝二）、座敷童子（池谷のぶえ）という妖怪や幽霊たちの暮らすシェアハウスに身を寄せることになるのだった……。

澪というのは、人に嫌われないよう、空気を読んで生きてきた人である。だからこそ、社内で良い男性と巡り合い、結婚して幸せになることを望んできた。

周りと同じように生きなければ幸せになれないと思い始めると、そこにばかり気がいってしまう。実社会でも、はみ出さないように、悪目立ちしないようにふるまうことばかりを考え、そこから振り落とされないように生きようとすると、結婚のほかにもたくさんの選択肢はあるはずなのに、本当はどう生きたいのか、本当は何をしたいのかというビジョンが見えなくなってしまうことも多いだろう。そうなると、自分だけが置いて行かれて、自分には価値がないように思ってしまう。何を隠そう、新卒で地元の会社に入ったときは、私だって、そんな風に考えていた時期が一年くらいはあったのだから。

『妖怪シェアハウス』の場合は、妖怪たちとの出会いが澪を変える。特にシェアハウスの住人のひとり、四谷伊和は、『四谷怪談』の「お岩さん」をモデルにした登場人物だから、澪が男に騙されていることにも黙ってはいない。

かねてより私は、日本の怪談というのは、ミソジニー（女性嫌悪）と深い結びつきがあると思って、SNSにも再三そのことを書いてきた。

初めてそのことを意識的に書いたのは、二〇一五年の八月のことで、テレビ東京系で放送していた『ふるさと 日本の昔ばなし セレクション』という番組内で『番町皿屋敷』のアニメを見たときのことだった。私はSNSに「江戸時代のフェミニズムは怪談にして訴えるしかなかったんだなと思うと、女が霊になって出てくるどの怪談もそう思えてきた」と書いていた。

『番町皿屋敷』の主人公は「お菊さん」だが、お岩さんにしてもお菊さんにしても、男性から理不尽な目にあわされて死んでしまい、後に化けて出るしかその理不尽さを訴える術がなかった人たちなのである。

『妖怪シェアハウス』では、主人公の澪がモラハラ彼氏から「すげー重いんだよ、男に尽くしてる自分を押し出してきてうぜーんだよ。お前なんて二番目以下。結婚、結婚ってマジ無理だから。殺されても無理。お前のそういうところが、むっちゃきしょいんだよ」と言われるシーンがあるが、それはお岩さんが夫の伊右衛門から言われてきたことと重なっている。お岩さんは、澪の彼氏の言葉を聞いて、かつての自分が伊右衛門に対して「重くてきしょい」人間であったのではないかということを振り返り、自分を殺した夫よりも罪が重いのではないかと感じてショックを受けてしまう。

しかし澪は、自分と一緒になって真剣に怒ってくれたお岩さんの存在もあって、モラハラをした交際相手に対して怒り、「NO」を言えるようになって、フェミニズム的にも前進するのだった。

ちなみに、このドラマの第二怪（第二回）には、お菊さん（佐津川愛美）が出てくる。このお菊さんが、底抜けに明るい性格で、現世では会社で在庫管理のエキスパートだ（お皿を隠された経験が生きているのである！）。お菊さんとお岩さんは、今では大親友で、お菊さんは皿を隠されただけでなく、職場でパワハラ、セクハラを受けてPTSDとなり井戸に飛び込んだという設定になっており、権力を笠に着て、仕事をあげるからと有名編集者からセクハラされている澪とつらさを分かち合って皆で泣くシーンもあった。

ドラマを見ていたときはコミカルさが勝っていたので、そこまで感じるものはなかったが、こうやって原稿に書いていると、泣けてくるものがある。本来なら会えるはずのない怪談のヒロインたちの、時空を超えた連帯がドラマで実現していたのである。

以前の澪は、怖くて理不尽なことに怒ることができなかったが、お岩さんのサポートがなくても、ひとりで怒ることができるようになる。澪が怒ったとき、彼女の頭には二本の角が生えるようになっていた。そのことを、シェアハウスの大家である陰陽師の末裔の水岡譲（味方良介）は心配し、澪が妖怪にならないために、期日までに誰かと祝言（つまり結婚式）をあげるようにと告げるのである。実際、澪は水岡と、もうひとり職場の上司である原島響人（大東駿介）のふたりにプロポーズされて心が揺れるのだが……。

女性が自由に生きたり、怒ったりすることによる「解放」を意識して描いてきた話でも、最終的には「女の幸せは、やはり男性と結婚して救われるべき」となることがこれまでにもあったため、このドラマもそんなオチなのか……とがっかりしかけたが、そんなことはなかった。結局は、澪は水岡のことも原島のことも選ばなかったのだ。

澪は、怒りを覚えたときにも角が生えたが、何かに夢中になったときも角が生えた。

女性の「角」と言えば、和装の結婚式において、女性は頭を布で覆い「角隠し」をする風習がある。明治以降、女性に「角」があるということは、女性が意思をもってよからぬ方向に行っているということの象徴でもあり、それは隠さねばならないものとされてきた。

澪は最終怪（最終回）で、角を生やし、牙を剝きながら机に向かい、「食べたいものを食べて何が悪い！」「結婚できなくて何が悪い！」「家族が作れなくて何が悪い！」「常識なんてくそくらえ！」「生きたいように生きて、何が悪い！」と言いながら自分の思いをしたためる。そのことで、このドラマにとっての「角」とは、単に「怒り」だけでなく「自由に生きること」や「何かに夢中になること」も示しているとわかるのだ。

このメッセージは、怒りを覚えたり、何かに夢中になったり、恋愛や結婚を幸せへの最適解という常識に疑問を感じていた多くの女性たちに向けられたものである。そして、「角」を隠すということは、抑圧を意味しているのだとわかるようになっていた。

このシーンを見て、私は『アナと雪の女王』（二〇一四年）を思い出してしまった。『アナと雪の女王』は、ある王国家の長女のエルサに特殊な能力があり、その能力によって妹のアナを誤って意識不明にさせてしまったことから、能力を抑えるための手袋をつけて暮らすようになるという話である。「角隠し」と同じように、女性の能力や怒りは隠すべきという考えが世界中にあったのだとわかる。

エルサは最終的に、その能力を「真実の愛」によってコントロールできると知り、手袋という抑圧の象徴を手放すのだが、その抑圧の解き放たれ方は、自分が自分をコントロールしている限りのことで、その能力の使い方も、自分のためというよりは、家や王国のためという面もあり、限定的であったようにも感じる。

『妖怪シェアハウス』の澪は、誰のためでもなく、自分のために自分を解き放った。そして、澪自身も彼女を救ってくれた妖怪たちの仲間になった。

そう考えると、このドラマの中の「妖怪」とは、マジョリティとして「普通」と言われる生き方をしている人ではなく、そこから逸脱はしていても、自由に充実した人生を生きる人のことを意味しているのかもしれない。最後の最後、「(澪の)角を見た者には幸せが訪れる」という一言が、この世の中でまだ自分を抑え込んでいる人の背中を押しているように思えた。

ミソジニーによって女性が競争させられる無意味さに気付かされる

『伊藤くんA to E』

『伊藤くんA to E』は二〇一三年刊行の柚木麻子の原作小説を、二〇一七年にMBSのドラマイズム枠で映像化した作品だ。「伊藤くん」という男性が、世の〝クズ男〟の集合体のように描かれているからこそ、そこに気付きがあるという作品になっていた。

かつてはヒット作を出したものの、近年は鳴かず飛ばずの女性脚本家・矢崎莉桜（木村文乃）は、自身が書いた恋愛エッセイ本の出版記念イベントの参加特典として、選ばれた女性たちの恋愛相談をすることに。最初はその企画を嫌がっていた莉桜だが、複数の女性たちのアンケートに「伊藤くん」という名前が書かれていることに興味を持ち、彼女たちから「伊藤くん」とのエピソードを聞きながら、新たな脚本を書いていく。

莉桜に選ばれたのは、鞄のショップに勤める島原智美（佐々木希）、アルバイトをしながら学芸員としての働き口を探している野瀬修子（志田未来）、ケーキショップで働いている恋愛経験豊富な相田聡子（池田エライザ）、大学院を目指している高学歴処女の神保実希（夏帆）の四人。それぞれが語る「伊藤くん」とのエピソードは、回を重ねるうちに徐々に繋がっていくのだった。

ドラマ化に際しては、原作から大きな設定の変更がみられた。ドラマでは脚本家の莉桜がひとつの核となって、四人のことを取材しながら物語を紡いでいくというものになっているが、原作にはこうした設定はない。また「伊藤くん」という存在が何者なのか、という謎を解いていく要素もドラマのオリジナルであった。

こうした変更は、ドラマの一話目の脚本家が、映画『桐島、部活やめるってよ』(二〇一二年）の脚本を担当した喜安浩平であることも大いに関係があるように思える。「桐島」も「伊藤くん」も、なかなかその正体を見ている者に掴ませないからだ。

しかも、ドラマの中で描かれる「伊藤くん」は、四人の女性が語る「伊藤くん」像を、莉桜の頭の中でイメージして脚本化したものである。ドラマの中で展開される四つの物語では、それぞれ「伊藤くん」を演じる俳優が違う。莉桜は、自分の周囲にいる男性たちを、「伊藤くん」に当てはめながら物語を紡いでいく。また、異なった俳優が「伊藤くん」を演じることで、四人の女性が語る「伊藤くん」が、果たして別の人物なのか、それとも同一人物なのかが、ますますわからなくなっていく、というミステリー要素も加わっている。

さらに四人の女性が語る「伊藤くん」が現代のクズ男のサンプルのようになっていて、そのクズ男が、四人の女性たちのいろんな面を引き出す効果にもなっているのだ。原作も良いが、改変したドラマ版は、別の作品のようで、新たな一面もあった。

ひとり目の「伊藤くん」について語る島原智美は佐々木希が演じるくらいだから、一見、男性に大切に扱われていそうなキャラクターに見えるのに、なぜか田中圭が演じる「伊藤くん」にはセフレ以下の扱いを受けている。

智美は高級鞄店で働いており、「ものはいいのに売れない」鞄が智美に重ねられている。田中圭が演じる「伊藤くん」は、自分のことを好いている智美を呼び出すが、ことに及んでも最後までいくことはなく、そのことでかえって智美は必死になり、高い勝負下着を購入して「伊藤くん」とのデートに馳せ参じるのだ。しかし「伊藤くん」が連れていってくれるのは町にある決してきれいとは言えないラーメン屋。バイト先の後輩のための高級な手土産を智美に買わせて、お金を返すそぶりもないし、「好きな人できたから」とわざと智美に伝えたりもする。そしてついに「伊藤くん」は智美に、自分の仕事の向上のためにあるセミナーに行きたいと金を無心するのだった。

振り回されていた智美だったが、それでも「伊藤くん」とセックスがしたくて仕方がない。智美は「もう好きかどうかわからなくて、ただ意地になってるだけかもしれません」と言っていたが、智美のように、はたから見ればバカバカしい恋愛をやめられなかったり、酷い男だとわかっていても、離れることができなかったりする人はいるだろう。最終的には、そんな自分から脱しようと、「伊藤くん」との決別を決意するのだが……。

「伊藤くん」は、語る人によって違う面が見える。アルバイトをしながら学芸員としての働き口を探している真面目で自分の信念を持ったキャラクターの野瀬修子から見ると、「伊藤くん」（中村倫也）は、修子を「他の子と違う」と女神のように崇め、ストーカーまがいのことをするキャラクターである。

また、ケーキショップで働いている相田聡子から見た「伊藤くん」（山田裕貴）は、わかりやすい男。聡子はこれまでに十一人の男とつきあったことがあり、男性の心理を熟知している。しかし、彼女はこれまでの人生で彼氏に誕生日を祝われたことのない女でもあった。男性に関心を抱かれ、なんとなく交際が始まって、なんとなく終わってしまうことが続いていたのだった。

聡子には親友がいる。神保実希（夏帆）は聡子と違って、かわいいのに奥手で男性経験がない処女。そんな実希と「伊藤くん」がいい感じになっていく様子が許せず、聡子は「伊藤くん」を誘惑してしまう。

「伊藤くん」に恋をして、どんどんかわいくなっていく実希に焦った聡子。実希から、「伊藤くん」にホテルでいきなり脱がされて迫られたけれど、結局最後までいかなかったという話を聞いた聡子は「伊藤くん」にアプローチをかけセックスをする。しかし、その後に「伊藤くん」から聞かされた実希との関係は、彼女から聞いていたエピソードとは似ても似つかないものだった。「伊藤くん」は、実希が自分から服を脱ぎだし、「処女ではない」と強がっていた、と言うのだ。

聡子は、自分が親友よりも女として上であることを確認して満足するためだけに親友の好きな人を寝取ってしまった罪悪感を持ち、ちっぽけな優越感のためにクズ男と寝ている自分に対しての情けなさもあって、帰りにひとりで泣いてしまう。

ふたりの関係性にヒビを入れたのは、女をジャッジして、ランク付けをするようなしょーもない「伊藤くん」であった。

好きでもない「伊藤くん」を誘惑し、自分は実希よりも女として上の存在だと確認する聡子の感情は、「マウンティング」ととらえてもいいだろう。

このドラマに出てくる「伊藤くん」は、二〇二四年現在の視点からすると、「ありえない」男である。もし今、このようなクズ男が出てくるドラマがあれば、聡子と実希が無駄に争わずに済む展開になったことだろう。

また、フェミニズムを知った側の自分を含む女性たちからしたら、こんな男のために、女性同士が競わされるのは、無意味なことであり、まっぴらごめんと思う人のほうが多いだろう。

しかし、それはもしかしたら、一部の人がたどり着いた境地に過ぎないのかもしれない。いまだに女性同士でマウントを取り合って、しなくてもいい「競争」に興じさせられている状況が完全になくなっているとも考えにくい。

私は二〇二四年にこのドラマを見直してみて改めて、フェミニズムによって世の中が少しずつ変わったように見えても、まだたくさんの誰かが置いていかれている可能性もあるのではないかと反省してしまった。

それとは別に、「伊藤くん」のようなクズ男の見本のようなキャラクターをドラマで描くことは、一見そうとはわからないが実はミソジニーを持った男性たちに気付けるという「集合知」が得られる効果があるのではないかとも思った。

元々、実希と聡子の関係が崩れたのは、社会的な構造が関係している。男性から一方的にジャッジされた女性は、そうした目線に適応するために、女性としていかに優位であるかを「モテること」ではかるしかない、と思い込まされてきたことこそが原因だ。

ふたりは皮肉にも「伊藤くん」という〝クズ男〟のおかげで、お互いに隠し持っていたミソジニーで相手のことも自分のことも傷つけ、またマウンティングをしあっていたことのバカバカしさに気づかされる。そういう意味で、クズの「伊藤くん」は、女性に気付きをあたえ、そしてその後に深い女同士の友情を育ませるという役割を担っているとも言えるだろう。

全ての回でこれほどまでに「伊藤くん」の持つ、さまざまなミソジニーを隠さずに描いているのに、なぜかこのドラマが嫌いになれないのは、ミソジニーが生まれる構造と、そこに乗っかって女性同士でいがみ合うことのバカバカしさが描かれていることにもある。

このドラマは二〇一七年のものであるが、こうした女性たちの「つらい経験」を共有する性質のドラマは、『SHUT UP』（二〇二三年）や『燕は戻ってこない』（二〇二四年）のように進化を遂げて、その重要性をますます高めているように思う。

ロマンチック・ラブ・イデオロギーで
描かれていないラブコメ

『こっち向いてよ向井くん』

漫画家というのは、基本、本人と編集者という最小単位で作っているから、生活の中で感じた個人的な思いをにじませながら、物語を作っていけるのだなと感じる。もちろん、小説もそうだろう。

対してオリジナルドラマは、脚本家の個人的な思いから物語を作ることはなかなか難しい。プロデューサーがひとりで、もしくは脚本家と企画を立て、その企画が会議で承認されると、キャストやスタッフなどを集め、予算を立てて具現化していかないといけないからだ。作家性が確立している脚本家ならば、企画段階から個人的なテーマで書き進めることも可能だろうが、それでも、たくさんの視聴者に訴えかけるものを作らないといけないとなれば、そこまで個人的なテーマを扱うことは難しいだろう。

そんな中、野木亜紀子の『獣になれない私たち』や、吉田恵里香の『恋せぬふたり』などは、個人の関心からスタートしているように思われ、漫画のような作り方がされているのではないかと感じた。厳密にはそうではないにしても。

個人的な関心からオリジナルドラマは作りにくいが、同じような関心から作られた「漫画」が原作であれば、いとも簡単にドラマ化される。今のテレビドラマや映画は、まず「原作ありき」で成り立っているようなところがあるからだ。だったら、脚本家の個人的な疑問から作られるドラマがもっとあっていいのではないかとも思える。特に、視聴者がある程度限定される深夜帯などでは。

『こっち向いてよ向井くん』（二〇二三年）というドラマは、ねむようこの同名漫画を原作にしていて、「身近」で「個人的」なことが描かれている物語であるように見受けられた。実際に見たところ、テレビドラマとしては珍しく「男性学」と「フェミニズム」が同時に描かれている。もちろん、このドラマに原作があるからこそのテーマだろう。

もっとも、この原作漫画の連載がスタートしたきっかけは、東海地方ローカルのラジオ『#むかいの喋り方』で、パーソナリティのパンサー・向井慧が繰り広げる、三十歳を過ぎた男性の恋愛話を聴いたことにあったようだ。主人公の名前も「向井くん」だが、パンサーの向井をモデルにしているわけではないという。その「個人的」な関心が、やがて「男性学」と結びついてオリジナルストーリーとなっていくということには、大いに納得させられた（私自身もけっこう聴いていた番組だ）。

このドラマの主人公の向井悟（赤楚衛二）は三十三歳で実家暮らしの会社員。十年間彼女がいないが、会社に中谷真由（田辺桃子）という派遣社員がやってきて、彼女から好意を寄せられていると感じ、この十年間の「何もなさ」が打破されるのではないかと思い始めていた。一方、向井の義理の弟が経営するバーで坂井戸洸稀（波瑠）と出会い、向井くんの恋愛や女性観に関して、何かと辛辣な意見を突きつけられるように……。しかし、ふたりは次第になんでも話せる飲み友だちになっていく。

原作よりもドラマの「向井くん」が単純で純粋で気のいい青年に見えるのは、赤楚衛二の優し気な雰囲気によるものなのかもしれない。原作ではどちらかというと自意識が強く、ズルい部分も少しはあるように受け取れた。ドラマの第一話では、派遣社員の真由に好かれていると勘違いしている様子が、まるで映画『男はつらいよ』の「フーテンの寅さん」ばりにコミカルに描かれていたが、漫画版はもっと容赦のない感じもあった。特に向井くんがドラマの中で真由から「向井さん寂しそうだったから」「楽しい思い出で上書きしてあげたくなったんです」と言われたことを、好意がある決定打だと捉えて「つきあいますか」と軽く言うシーンがあって、その勘違いっぷりに、見ているこちらも「キャーーー」と叫びそうになった。ドラマの中の真由も同様にドン引きしていたが、ドラマ版のいいところは、真由側の目線で、どのように向井くんが勘違いしていたのかが描かれるところであった。

このドラマに出てくる女性たちは、ある意味、皆フェミニストであるように思える（向井くんが勝手に好意を寄せるゲスト的な女性キャラからは、それがはっきり見えない部分があるが）。特に坂井戸洸稀、武田麻美（藤原さくら）、藤堂美和子（生田絵梨花）は、あきらかだろう。

坂井戸洸稀は、向井とバーで出会ってすぐに、彼が「女性のことを守りたい」と言うと、すかさず「守るって何？」「見下されてるなと思う」と言える人である。恥ずかしながら、これだけフェミニズムについて書いている自分でも、ふとした瞬間にこういう話が出たときに、スパッと「守るって何？」とは聞き返せないものがある。彼女は、一話の最後に、向井に向かって「〝女の子〟なんて人格はないの、人それぞれ相手に合わせて考えて」と言い切るのだった。

向井の妹で、バーの店主・武田元気（岡山天音）の妻である武田麻美は、夫の「一家の大黒柱」であろうとする姿に違和感を持っており、そのような違和感のあるまま「結婚」という制度を続けることに疑問を持っている。

向井の元カノの藤堂美和子は、向井の言う「守りたい」という言葉に違和感を持ち、別れを決意した過去がある。彼女のおばが未だ独身で、そのことを父親が寂しい人生だと思っていることに対して抵抗があり、つい最近までつきあっていた男性とも、相手が結婚を望んでいることがわかったことで別れたところだった。

ドラマでは、恋愛に疑問を持つ主人公がいても、結局は恋愛に向かっていくという作品が多すぎるという指摘がよくされる。このドラマは恋愛を描いてはいるが、結婚という制度に対しての違和感について描いている。しかも、主要な登場人物の三人が違和感を持っているのである。

このドラマの恋愛に関しての描写も、ありきたりでなくて面白い。特にドラマ中盤では、たくさんの異なった恋愛観が示される。

向井の元に、三年前につきあいかけてセックスもしたことのある原チカ（藤間爽子）から連絡が来る。彼女は婚活疲れから向井に連絡して、「不快ではない」からという理由で、いきなり向井に結婚を申し込んだのだった。向井は、洸稀から「不快でない」ことは重要だと言われたこともあり、彼女のプロポーズを受け入れてつきあいはじめるが、結婚することが「目的化」してしまい、着々と準備を進めるチカに違和感を持ち別れてしまう。

麻美と元気は、お互いに嫌いになったわけではない。ふたりは麻美の実家に住んでいるが、元気は「いい家を見つけて、麻美のことを幸せにする」と、マンションのモデルルームを見に行ってウキウキしている。その姿に麻美は不安を隠せない。「苗字が変わること、主人・妻と扱われること」が結婚前には気にならなかったのに　今では「私たちの関係性を他人や制度に定義づけされないといけないのか」と考えるようになり、ふたりの間に「ノイズが混ざっている」ことが許せないのだという。麻美は元気に「結婚やめよう」

と告げるのだった。それは、麻美が法律に縛られている結婚生活に違和感を持っているだけで、元気との別れを決意したわけではなかった。

一番興味深いのが坂井戸洸稀である。彼女は同じ会社の環田和哉（市原隼人）と恋愛をしている。しかし洸稀は環田と「つきあっている」とは認めていない。彼の家に行って朝までいるように促されても、いつも洸稀は家に帰る。一緒にいたい気持ちはあるけれど、それをしてしまったら、なれ合いの関係性になってしまう。それが嫌なのであり、彼女は恋愛のいいとこどりをしたいだけだった。しかも、その延長線上に「結婚」がちらつくのが嫌なのである。洸稀が向井と仲が良いことがわかると、環田は嫉妬心を見せるようになる。それは向井が環田のかつての後輩であったことも関係していた。

洸稀は環田の嫉妬心を、自分への執着や独占欲だと感じているのだろう。これまでのドラマでは、こうした大人の男性と「やせ我慢」をしながらつきあう女性は、男性の「独占欲」に気付いた瞬間、それを歓びと感じるような描写をよく見てきた。そうではない物語もあるのかもしれないが、プライムタイムのラブコメディで見たことはなかった。

洸稀は自分で花を買って家でいけるのが好きだという。それを「たくさん買って、しおれたのを抜きながら、少しずつ小さな花瓶に移していくのが楽しいんですよ」とか「手をかけなくちゃいけないものが家の中にあるのって緊張感があっていいんですよね、私すぐだらしなくなっちゃうので」と言っていて、面白い価値観だなと思ったのと同時に、これが彼女の恋愛観に繋がっているのだと思った。そういう恋愛観がドラマで描かれることはあまりなかったように思う。

しかし、こうした関係性はともすれば「都合のいい女」扱いされているように描かれてきたものかもしれない。そうならないために洸稀は「やせ我慢」をし、いいとこどりをすることで、環田をただ単に「好き」だというだけでつきあっている「都合のいい男」にしている部分もあるのかもしれない。ちなみに、「都合のいい」関係性に名前をつけて指摘したのは、脚本家の内館牧子である。一九九三年にはフジテレビ系で浅野ゆう子主演で『都合のいい女』としてドラマ化されている。これもある意味、恋愛が結婚に向かうときに起こる「搾取構造」を描いたものと言っていいだろう。しかし、洸稀のように、恋愛の後に結婚があるべきと考えていない女性からすれば、関係性が搾取にはならない可能性だってある。

この洸稀に対しての向井の反応とやりとりが興味深い。向井は、どこにも着地しない関係性を「無責任で不誠実」だと指摘する。つまりは、結婚に向かう恋愛だけが正しいものであると言っているのだ。それに対して洸稀が「自分がわからないことや、自分の中にはない価値観を悪だと決めつけることこそ不毛だよ。違う人間なんだもん、同じ価値観を持ってるはずないよね」と反論すると、向井はノックアウトされるのだった。

向井と洸稀の価値観は、ドラマの中では、どちらが正しかったのかどうかは描かれていない。

このドラマがどのような考えで書かれているのかが曖昧ではあるが、それでもこの作品をこの本で取り上げたのは、自分が気に入っている部分があるからだ。ひとつは、向井や元気や環田を通して、男性がいかに、「男はこうであらねばならない」とか、「結婚はみんながそうしているから、自分の考えはともかく右へ倣えをしないといけない」という刷り込みを持って無意識に過ごしているのかということを描いている点である。特に向井は、「女性とは守らないといけないものだ」と思っているし、元気は「一家の大黒柱でないといけない」と思っている。また環田は、ライバルが現れた途端、洸稀を男同士の張り合いの道具にしていたりもする。そのような部分は、「男性学」的な指摘を描いていると感じた部分でもある。

そして、女性たちを通じて、これまでのドラマに描かれてきた恋愛のパターンにはない恋愛が、たくさん描かれていたことも、このドラマが面白かったもうひとつの理由である。

というのも、世にある恋愛ドラマというのは、恋愛の先には結婚して子どもを産み、家族になるという価値観で作られてきた。不倫もので無い限り、障壁があったとしてもそれを乗り越えてふたりが一緒に生きていくという結末に向かうものが多く、その障壁のバリエーションだけで物語を見せることになってしまう。不倫ものも長らくは、どんな障壁があろうと、夫と元サヤに収まることが良いとされたり（『失恋ショコラティエ』や『昼顔～平日午後3時の恋人たち～』（ともに二〇一四年）など）、盛り上がった後にどちらかが死んでしまったりするような展開（『セカンドバージン』の映画版（二〇一一年）や『昼顔』の映画版（二〇一七年）など）も多かった。つまり不倫ものであっても、結局は法律婚をして家族になることにこだわっているものは多かったのである。

しかし、さきほど書いた三人の女性たちは、「法律婚」というものに疑問を持っている三人でもあり、その中でも、なぜ「法律婚」に気持ちが向かわないのかの理由として、家父長制に対する疑問が原点にあるのである。少なくとも、それだけでこれまでのラブコメが示してこなかったタイプの「恋愛」が示されていると感じられるし、恋愛した後に結婚し、子どもを産み、家族となって添い遂げるという「ロマンチック・ラブ・イデオロギー」にのっとらない恋愛ドラマになっていると感じられるのだ。

追記・この原稿を書いている最中に、漫画版は最終回を迎えた。結末としては、恋愛は成就したが、向井くんに対して、自分で考えずに、みんながしているからと言って「結婚」を持ち出すその考え方は、ちょっと違うんじゃないの？　という洸稀のスタンスは変わっていなかったようだ。

恋愛を描かないことで、いかに恋愛至上主義がはびこっていたかを思い起こさせる『恋せぬふたり』

吉田恵里香が脚本を手掛けたNHKのオリジナルドラマ『恋せぬふたり』（二〇二二年）の制作発表があったときのことをよく覚えている。SNSの反応としては、『恋せぬふたり』というタイトルをつけ、アロマンティック（他者に恋愛感情を抱かない）の人や、アセクシュアル（性的に他者に惹かれない）の人、もしくはその両方に当たる人たちを描くというテーマを掲げるのならば、最後までぶれずに、誤解のないように取り上げてほしいという意見が見られた。そのときに発表されていた設定が、アロマンティックでアセクシュアルの当事者同士が同居生活をして、ひとつ屋根の下に住むという、異性愛もののラブコメディによくある形でもあったため、そのことに対しても反応が起こった。

当時、そのような反応が出たのも仕方がないとも言えるだろう。

若い女性向けとされているコメディ作品は、ヒロインが「恋なんてしなくていい」とか「結婚なんて別にしなくていい」と最初は思っていても、それは物語のフックにすぎず、次第に気になる男性や当て馬的な男性が現れ、恋をする展開になったり、最終的には恋が成就したりするものが多かった。

もちろん、たくさんの作品を見ているドラマファンであれば、昨今はそのようなドラマが減ってきているという実感もあるだろう。しかし、日本のドラマというのは、あまりドラマを見ない人からは信頼されていないし(それは、日本がスゴいと持ち上げて、誤った評価をしないためであり、私にも同様の気持ちはある)、実際に信頼できないドラマも作られてきた。だから、最初の設定や一話だけを見て、それがたとえ問題提起であっても、「きっと最後まで、間違った認識のままで展開されるに違いない」「どうせ、恋愛が成就して終わるんだろう?」と思ってしまう人がいるのも無理はないだろう。

考証に関しても、当時は時代劇の歴史考証などはあっても、それ以外の考証は取り入れられ始めたばかりであった。NHKでは、二〇一八年の『女子的生活』で、トランスジェンダーでモデルや執筆などの活動を行う西原さつきがトランスジェンダー指導を行っていたが、そのことは当時は珍しく、ドラマ放映の前後に西原がインタビューに応じる姿もよく見かけられた。

『恋せぬふたり』の後には、『作りたい女と食べたい女』（二〇二二年）や『虎に翼』（二〇二四年）にも監修や考証が入るようになったが、『恋せぬふたり』の頃には、そのようなケースがあるとはあまり知られておらず、過渡期であったのだ。

私にも、同じように心配する気持ちもあったが、今となっては『恋せぬふたり』というタイトルをもっと信じてもよかったとも思える。ちなみに、その後日本テレビ系の『若草物語―恋する姉妹と恋せぬ私―』（二〇二四年）にも「恋せぬ」という文言が入っていて、主人公が恋愛感情を持たないというキャラクターになっているが、それでもやっぱり、本当に「恋せぬヒロイン」のままで物語が終わるのだろうかと、心配する声があった。結局は、このドラマも主人公が恋愛する終わり方ではなかったのだが、日本のドラマに対する信頼度は全体的に見れば、いまだ高くなっていないからこそ、どうしても最後までテーマを貫いてくれるのか心配になってしまう。それは、ドラマがたくさんの人によって作られており、途中でテーマがぶれてしまう作品があることを知っているからだ。良いものは良いと評価し、そうでないものに存在する問題には、注視していかないといけないとも思う。

『恋せぬふたり』の主人公の兒玉咲子《さくこ》（岸井ゆきの）は、スーパーまるまるの本社営業戦略課で働いている。彼女は、スーパーまるまるの店舗を訪れた際、青果部門の担当者の高橋羽《さとる》（高橋一生）と出会う。そこで野菜の配置などに関心を持った咲子が高橋に話しかけていたところ、上司から「恋はじまっちゃった?」とからかわれてしまう。これに対して高橋は「いると思いますよ、恋しない人間」と言って、その場を立ち去るのだった。

かねてから恋愛をして当たり前と周囲に言われてきたことに違和感を持っていた咲子は、ネットで検索して、アロマンティック・アセクシュアルと野菜について書いてある「羽色キャベツのアロマ日記」というブログにたどり着く。そこには「アロマアセクの知識にかかわらず、恋愛しない方がおかしいという方がおかしい」と書いてあり、興味を持つ。後日、また店舗を訪れたとき、そのブログの主が、高橋であることを確信するのだ。

その少し前、女友だちとルームシェアするはずだった咲子だが、突然その友だちから、元カレとヨリを戻すことになって、その人と一緒に暮らすためにルームシェアができなくなったと一方的に告げられる。そんなタイミングで出会った高橋が、祖母がなくなったばかりで一軒家をもてあましていることを知り、咲子は「恋愛感情抜きで家族になる」ことを提案するのだった。

こうした、ひょんなことからの同居が始まるラブコメディというものが無数に作られてきたことは、『逃げるは恥だが役に立つ』のところでも触れている。このドラマもラブコメディの型を利用して描くことで、多くのラブコメディが、ヘテロセクシャルのことだけを主に描いていたことを際立たせる効果もあるように思えた。

咲子もラブコメのヒロインの型を踏襲している。人懐っこく、思い込んだらすぐに行動に出てしまう猪突猛進型の性格で、高橋と出会ってすぐに家族になることを提案するその図々しさもラブコメのヒロインっぽい。しかし、咲子の提案に対し、高橋は「僕のこと、なめてます?」と問いかけるのだった。

このドラマは、こうしたラブコメのセオリーを徐々に覆していく。吉田さんのインタビューを読むと、実際に「ラブコメの〝あるある〟を示しながら『あるあるが苦しい人もいる』ことを伝える想定」をしていたという。（2022-05-13『TOKION』吉田恵里香インタビュー）

見直してみて、特に「苦しさ」を感じたのは、咲子の母親が高橋のことを彼氏と勘違いしたため、恋人のふりをしてふたりが実家に行くところだ。道中、咲子の妹の石川みのり（北香那）と出くわし、ふたりの間に距離があることから「くっついてくっついて」と煽られてしまう。高橋が身体的な接触も耐えられないことを知りつつも、咲子が手をつなごうとしたが、高橋がやはり耐えられずに避けてしまうのだ。

もうひとつもやはり妹のみのりのシーンである。みのりは妊娠中に夫が浮気をして気持ちがぐちゃぐちゃで、そういうことに無関係でいられる（と思われてしまう）咲子に対して「誰かを好きにならないってことはさあ、こういう苦しみとも無縁なわけでしょ。人生楽だよね。なんだろう、そういうなんもない人生のほうが」と言ってしまう。

後半に関しては、無意識でここまではなくとも、言ってしまうのではないかという恐れと、言われてしまうほうの痛みとが両方伝わってきて、見ているこちらまで苦しくなるものがあった。

みのりにはみのりの苦しみがある。人生を「すごろく」のように計画立てて生きてきたのに、普段は家事や育児はまかされっぱなし、挙句の果てに浮気をされてしまったのだ。みのりは、シングルになる怖さも感じていたが、結果、夫との離婚を決意する。

このドラマの中で、お互いに恋愛感情がない高橋と咲子の間では、バランスが崩れることがない。例えば高橋と咲子が大みそかの晩御飯にそばを食べるところでは、咲子はこれを年越しそばだと思っていたが、高橋の家では、午前零時の除夜の鐘を聞きながら食べるうどんが、正式な〝年越しそば〟なのだという。

咲子はこれを面白がり、晩御飯のそばと、年越しのうどんを食べ、「全部いいとこどり」をしようとする。これは、他者の習慣も志向も受け入れて、共生していくということを象徴していると受け取った。

このドラマでもうひとつ希望を感じる部分がある。咲子の元彼のカズくん(濱正悟)が、自分たちとはまったく違った人たちのことを、理解しようと努めるところだ。当初の彼は、咲子のことを「俺のもの」と考えているような人物で、咲子が誰かと仲良くしていたら嫉妬心をむき出しにする。こうしたキャラクターは、これまでのラブコメであったら、「一途でちょっとバカなところもあるけれど実直なキャラクター」として好ましいものとされていたかもしれない。

しかし、咲子は彼を選ばない……というか「選ぶ」という考えがない。最終的に、カズくんは「日々成長する男だからさ。この吸収力えぐいだろ」と恥ずかしげもなく自分で自分を褒める。その吸収力が、確かに彼の良さであった。

カズくんと咲子は、職場で口喧嘩をしていると、幾度となく上司から「ふたりはつきあってるのか?」と茶化されてきた。しかし、終盤で同様にふたりの関係性を茶化されたとき、カズくんははっきりと「世の中、恋愛がすべてじゃないですもんね!」と否定する。

最初はウザいと思っていたカズくんだが、ここまで成長した姿を見せられると、微笑ましく感じた。苦しいところもある作品だったが、見た後にさわやかなものが残った。見た後に気分がいいところは他にもある。ドラマの終盤、高橋はスーパーで副店長になる代わりに、大好きな野菜の仕事を失うことに。やりたいことを犠牲にして、恋愛感情抜きの咲子との無理のない暮らしを選ぼうとする高橋に、咲子は自分は高橋の家で暮らし、高橋は以前からの夢であった「野菜王国」を作りながら、別々に暮せばいいのではないかと提案。高橋もそれを受け入れる。

ふたりは別々に暮らしても「家族（仮）」という関係性は終わりではないというベストな選択をした。このことは、恋愛結婚以外の道を通っても「家族」という形を築けるという可能性を感じさせるものになっていた。

最後に咲子がつぶやく、「私の人生に、何か言っていいのは、私だけ」「私の幸せを決めるのは、私だけ」という言葉を、これからも忘れずに自分の心の中に持っておきたいと思った。

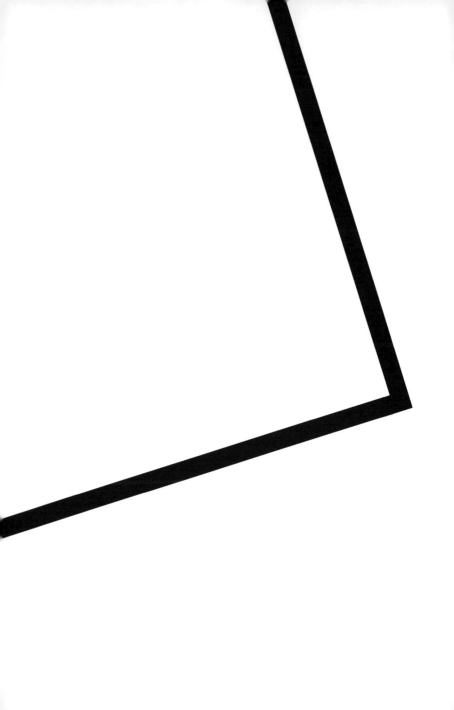

生殖

男女逆転した江戸の世で、「子産み女」「種付け男」として生きる悲劇

『大奥 Season 1』

よしながふみの原作漫画を、森下佳子脚本、NHKのドラマ10で映像化した『大奥』(二〇二三年)は、江戸時代を舞台に、若い男性ばかりがかかる架空の疫病・赤面疱瘡《あかづらほうそう》により、男女の役割が逆転した徳川幕府を描いたフィクションである。

Season1では、三代将軍・徳川家光(堀田真由)の時代から始まる大奥の記録が記された『没実録《ぼつじつろく》』を、八代将軍・徳川吉宗(冨永愛)が読みながら回顧する内容になっていた。

三代将軍の頃から、江戸では赤面疱瘡が流行し始めていた。男性の人口が女性の四分の一まで減ると、女性が労働の担い手となり、男性は希少な「種馬」とみなされるように。徳川幕府では、三千人とも言われる男性たちの大奥が形成されており、その中で将

軍の子どもの父親になる男性が「選ばれる」存在となる。男女が逆転しているのである。

このドラマは家光編にしろ、綱吉編にしろ、女性の将軍たちが、血の繋がった子孫を産んで家を存続させることが求められている。つまり女性たちが家父長制により、望まない生殖を強いられているからこそ、彼女たちを心から愛する大奥の男性たちによって救われる場面が描かれている。特にSeason1は、「愛」がテーマとして大きいのだ。

誰かが「愛」、特に異性愛によってのみ救われる物語というものがあまり好きではない。なぜなら、それ以外のこと、制度や異性愛以外の愛や友情に救われる人の可能性を見えないようにしてしまうからだ。

しかし、『大奥』のSeason1を見ると、国の存続と一族の繁栄のために生かされている男女が何人も出てくる。いわば女性の将軍たちが、支配階層にいるにもかかわらず『マッドマックス　怒りのデス・ロード』（二〇一五年）の「子産み女」たちと同じ期待をされているようにも見えるのだ。

将軍たちが「子産み女」のような存在としてみなされていると考えると、「愛」によって救われる物語が好きではない自分であっても、そこに人間らしい心の交流、つまり「愛」

さえあれば、どんなに人として救われるだろうかと思えてくる。愛だけではなく、なんらかの「同じ痛み」つまり、シンパシーがあれば、心は満たされるのではないかと。

綱吉編において、綱吉（仲里依紗）は町民たちの噂話の種となっており、「当代一の色狂い」であることが示される。その綱吉の側室候補として右衛門佐《えもんのすけ》（山本耕史）が京から呼び寄せられるが、右衛門佐は自身が三十五歳を過ぎていて、年齢的に大奥のルールに反することから、側室になることを辞退し、大奥総取締となる。

右衛門佐には「策略家」的な一面があり、綱吉の父親の桂昌院（竜雷太）には「くせ者」とみなされ、その行動は自身の「成り上がり」のためにあると見られていた。学問にも明るく、そんなところも桂昌院からすると、どこか鼻につくのである。

一方、綱吉も学問を好む聡明な女性であった。そういうところが、右衛門佐と綱吉が、シンパシーを感じるところでもあるのが面白い。学問に関して緊張感のあるやりとりをするふたりは、好敵手であり、気になる相手になったのである（互角の能力を持ったものが、好敵手であり、情を交わすという設定は、私が韓国ノワールなどで男性主人公たちに求める要素でもある）。

綱吉のように、将軍として、華やかな世界に身を置いていても、本来の自分の能力を発揮できず、どこか空虚な生活を送っている者にとって、右衛門佐のようなくせ者は、退屈を忘れさせてくれ、「相手にとって不足がない」存在になる。

右衛門佐が「人として確かな力を得たい。人として生まれたからにはのう。私は、己にそれができるか、ここに試しに来たのだ」と宣言するシーンがある。このセリフは、右衛門佐の上昇志向を表しているようにも思えるが、ドラマを見進めていくうちに、右衛門佐にも苦悩があったことがあきらかになる。彼は貧しい公家の出身で、その美貌もあって「俺は種付けをするためだけに生まれてきたのか」と自問自答していた。そのために「種付け」だけが自分の価値ではなく、大奥の中で結果を残すことで「人として」生きる実感を欲しがっていたのだ。

一方、父親の桂昌院から、世継ぎを期待されている綱吉もまた、「子を産む」ことだけが過度に期待されており、やはり「人として」生きた心地のしていない人物である。ふたりは似た者同士なのだ。「自分の人生」を生きていないことで、シンパシー、そして愛情を感じるのである。

実は綱吉には娘がいたが、不慮の事故でなくなってしまう。そのことをきっかけに、桂昌院の綱吉への抑圧は次第に大きくなっていく。子がなせないのは、桂昌院自身が過去にした殺生のせいだと、「生類憐みの令」を出すことにもなり、すでに「月のもの」がなくなった綱吉に対しても、さらに神仏にすがり功徳を積んで、娘が子をなすことをあきらめない。そんな父の姿を見ても、怒りを通り越して呆れ憐れむしかない綱吉の表情がせつない。

綱吉は桂昌院から、学問よりも器量と愛嬌を期待されている。それは「大奥中の男に恋をさせんとあかん」というセリフからもわかる。綱吉もまた、それを内面化しており、御褥《おしとね》をする際には、念入りに化粧をしたりもしている。

そんな彼女の「刷り込み」を振り払うのが、紀州徳川家の二代藩主・徳川光貞（飯島順子）の三女の信（清水香帆）である。信は、後に八代将軍の徳川吉宗（冨永愛）となる人物である。

質素な信を見て綱吉は「己の身なりにも、もう少し気を使ってもよいのでは。いずれ、夫や側室を持ち、世継ぎをもうけるには美しゅうなくては」とアドバイスをするが、「信は美しい男にまったく興味がないのでございます。美しい男に興味がない信がいるということは、美しい女に興味のない男もいるはずにございます。身なりや見かけを気にかけぬ、信はさような者を選べばすむ話なのではないでしょうか」と言われ、はっとするのである。

女性が世継ぎを産むためには美しくあるべきという桂昌院にかけられたルッキズムやセクシズム、女性はこうあらねばと思い込んでいた呪縛に綱吉が気付く瞬間である。とはいえ、何十年もかけられた呪いが完全に解けるわけではないだろう。綱吉は、忙しかった母の家光（堀田真由）にかわり愛情を注いでくれた父親の桂昌院のことを否定することはできない。

それに対し右衛門佐は、きっぱりと「それは上様が己が望みをかなえるに入用な器であられたからにござりましょう。桂昌院様こそ、最も欲得ずくで上様に関わっておられるお人だと私には思えます。そして、この期に及んでも、それを慈しみとすり替え、すがっておられる上様が哀れでなりませぬ」と告げるのである。

現代に置き換えれば、綱吉は、周囲の人たちから、結婚して子どもを産み、良き母になるために、とにかく男にモテまくって、その中からいい男を選びなさいと言われ、日々、男性にとって好ましい（つまり、自分の子どもを産んでくれる）女性であるために精進しているようなものである。

もちろん、結婚して子どもを産むことも、恋多き女であることも否定しない。しかし、周囲の期待に応えるために、自分を殺してまで「女とはこうであるべき」と生きていたら、気付かぬうちに疲弊していたということもあるのではないか。

孫を欲しがる親や、「結婚しないの？」「子どもはまだ作らないの？」「ふたり目は作らないの？」と気軽に聞いてくる「無邪気」な人に対して、綱吉のように、モヤモヤとはしても反論できない人は現代にもいることだろう。

少子化が叫ばれ、「産む」ことが世のためになるとされ、しかも「産む」ことに伴い「法律婚」が求められがちな日本であるからこそ、右衛門佐が涙ながらに言う「生きるということは、女と男ということは、ただ女の腹に種をつけ、子孫を残し、家の血を繋いでいくことだけではありますまい」「私は子をなすための褥しか知りませぬ。なんの目的もなく、女性とこうしておるのは、生まれてより初めてにございます。ここには何もない。ただの男と女として、ここにおるだけです。こうなったのが今のあなたで本当によかった。なんという幸せか」というセリフが、より胸に響くのである。

右衛門佐と綱吉は、三十代で出会い、ときに好敵手として緊張感を持ちながらもお互いの存在を意識しあっていたが、ふたりが初めて抱き合ったのは、綱吉が閉経した後である。生殖になんら結びつかないセックスをしたときが、綱吉が呪縛から解放され、愛を感じた瞬間だったのではないだろうか。

「私たちは誰にも縛られない」
代理母を引き受けた主人公が尊厳を取り戻すまで

『燕は戻ってこない』

NHKのドラマ10枠で放送された『燕は戻ってこない』は、桐野夏生の原作小説を元に、朝ドラ『らんまん』（二〇二三年）の長田育恵が脚本を担当したドラマである。『らんまん』の雰囲気とはがらっと違った、人間の暗部を抉り出すような桐野の作風と、長田がぴったりと合うことが発見だった。もっとも長田が主宰する劇団・てがみ座の二〇一六年の舞台で葛飾北斎の娘の物語『燦々』を見たときの印象からすると、そこからかけ離れているわけではないようにも感じられ、納得できる部分もあった。

『燕は戻ってこない』の主人公のリキ（石橋静河）は、病院で派遣社員として働いているが、一日九時間以上働いても月の手取りは十四万円という暮らしをしていた。同僚のテルル（伊藤万理華）も同様で、派遣社員の賃金だけでは足らず、奨学金を風俗で働いて返していた。ふたりはランチで外食に行こうと外に出ても、行先はコンビニのイートイン。しかも、サンドイッチやサラダを手に取れず、「炭水化物、正義だよ！」と自虐とも本気ともわからないことを言いながらカップラーメンをすするのだった。

おまけにリキはボロアパートの住人（酒向芳）の自転車を誤って倒してしまい、そのことで嫌がらせを受けていた。酒向芳がしつこいストーカー役を演じている様子がリアルで、それだけでもうリキの地獄が嫌というほど伝わってくる。見ているだけで、そんな生活から逃げ出したくなってしまう気持ちがわかる。

そんなとき、テルから卵子提供のことを聞くリキ。当初はリスクに敏感であったリキも、度重なる隣人の嫌がらせや貧困から、アメリカの生殖医療エージェント「プランテ」に登録。元バレエダンサーの草桶基《もとい》（稲垣吾郎）とその妻でイラストレーターの悠子（内田有紀）に卵子提供するだけでなく、代理母になることを決意するのだった。

その後のリキの人生が波乱万丈で、ジェットコースター的な面白さだけでドラマを見進めることもできるだろう。もちろんそれだけではない。

リキは卵子提供の虚しさに耐え切れず、テルにすすめられるがままに、女性用風俗の男性セラピストとセックスをする。それだけでなく、故郷の北海道に帰ったときにも、草桶基が、代理母の依頼者であるという権限とエゴでリキの行動を監視しようと圧をかけたことに腹を立て、元カレ（戸次重幸）ともセックスしてしまうのだった。

次の排卵日までに時間があると高をくっていたリキだったが、ネットで検索をして、精子が一週間生きている可能性があると知って愕然とする。その経緯を悠子に伝えるときにリキは「人工授精で上書きしなきゃって思ったんです」と言っている。見ていて、そんなバカなことがあるかとは思うが、追い詰められているときに、そのような判断をする人がいないとは限らない。しかも、リキは腹を立て、やけくそになっていたのだ。

リキがこのような行動を取る背景には、あきらかに貧困や格差社会と、家父長制への怒りやフェミニズムが無関係でないように見えた。

そんなリキを解放してくれるのが、悠子の友人で春画家の寺尾りりこ（中村優子）である。りりこは、春画を描いているが、性的な行為自体には関心がない。彼女が描く春画も、男性と女性の視点を逆転したもので、女性が男性を〝おもちゃ〟にしている絵もある。

フェミニストのりりこに出会い次第にリキも目覚めていく。春画を見て、「大半の男が許されてる」と指摘したり、「女は搾取される存在じゃない」と気付いたりするのだ。元々、きっぱりと嫌なことは嫌と言える性質ではあったが、りりこと出会い、代理母での理不尽な経験をして、彼女はさらにまっすぐ立てるようになっていた。

これに対して、エゴしか感じられないのが、草桶基と悠子の夫婦、そして基の母親で元ダンサーの千味子《ちみこ》（黒木瞳）である。

悠子と基との始まりは不倫であった。、彼女は基に結婚はしなくてもいいから子どもが欲しいと懇願する。あまり詳しくは描かれていないが、ダンサーであり芸術家である基の才能に惚れ込み、またそのタイミングが基のアーティストとして限界を感じているときであり、妻との関係性にも陰りがあったときなのだろう。基はあきらかに悠子に救いを感じており、ふたりの絆は固かったように見えるのである。

絆が必ずしもいいものとは限らない。基は自分のDNAが一代で終わることを恐れているし、悠子は、自分と基とをつなげるたったひとつの確かなものとして子どもを望んでいる。最終的には、その目的のためには、自分の血であろうとそうでなかろうと関係ないと思うほどになっているのである。血の繋がりのない子どもを育てるフィクションは、家父長制から解き放たれた話になりやすいが、ここまでくると、その執着が際立ってしまう。

この夫婦の身勝手さが一番強く表れるのは、リキが双子を出産した後のことである。一時は、リキと子どもたちを会わせないと言っていたかと思えば、一年間はリキが基と法律婚をして子育てをして、また悠子と基が再婚すればいいと取り決めたり、そうかと思えば、またそれを覆したりと、草桶夫婦の気分でリキは振り回される。

しかし、りりこの元で過ごしているうちに、自分の尊厳を傷つけられたのではたまったものではない、自分は「機械じゃない」ことをわかってほしいと考えたリキは、最終的に双子のうちのひとりを連れて、草桶夫婦の元を離れるのだった。

草桶夫婦に最後に突きつける、子どもを手放すことについての誓約書の書き換えのシーンが胸に迫る。ここはのめないという部分に二重線を引き、修正印を押している。

自分のことを思い返すと、若い頃に、理不尽なことに対して異を唱えることもうまくできなかったし、もしも異を唱えるにしても、相手と互角に戦える知恵や話術も持っていなかった。持っていないままに交渉しても、揚げ足をとられてさらに窮地に立たされる可能性もあっただろう。勇気を持って声をあげたとしても、言いくるめられ、後になって、あのときああ言えばよかったのではないかと気付いて、また悔しがるのが関の山だったかもしれない。現在、性加害などに対して毅然とした態度で戦う人々を見ていると、その覚悟と勇気はいかほどだろうと思う。

十年ほど前に、あるイベントで、「私たちには交渉術が必要である」と言ったこともある。しかし、交渉するには、それなりの知識や気力も必要なことであるから、誰にでもそれを勧めることは、間違いだったかもしれない。でも、貧困や虐げられている状況にいるときに、抜け出す手だてとして、交渉という手段は必要なものでもあると思う。

それから十年経った今思う。りりこのように、第三者が理不尽な目にあっていたとき、それは不当なことだと教えてあげたり、そのために戦う手法を教えてあげたり、自尊心を取り戻すきっかけになる言葉をくれたりする存在に多くの人が出会えたらと。過去の自分のことを考えても、何か不当なことがあっても正当に憤ったり、その理不尽さを伝えたりということすら、してはいけないことのように考えていたからだ。

そうするにはまず、リキのように、理不尽なことに理不尽であると気付き、それに抵抗し、そんな風に扱われるのは嫌だという感情に目をつむらないことも重要なのではないかと思えるのである。

ドラマの最後にリキは子どもに向かって「私たち、誰にも縛られない。どこにでも行けるんだよ」と自分にも言い聞かせるように語り掛けていた。本書を書いていて気付いたことだが、ドラマの最後にはこのようなメッセージがあることが多い。自分を肯定する言葉に出合えない現実があるからこそだろうと思った。

輝く命、透明な命、その重さの等しさを考える

『透明なゆりかご』

『透明なゆりかご』（二〇一八年）は、沖田×華の漫画原作を、安達奈緒子の脚本で、NHKのドラマ10枠で映像化した作品だ。原作は作画的にどちらかというとギャグ漫画のような感じがあり、この漫画が、こんな静かな雰囲気のドラマになり得るのか？　と驚いた。もしも民放で作られたら、見習い看護師が、右往左往しながら成長する明るいコメディ作品になっていたかもしれない。本作は、落ち着いていてシリアスな雰囲気になっているのに、芯となる内容は、原作とかけ離れていない不思議なドラマだ。

そんな風に、ひんやりと張り詰めた空気が感じられるドラマというイメージを持っていたから、てっきり冬の話だと思って見直したらセミの鳴いているシーンからスタート

していた。主人公の青田アオイを演じる清原果耶が、この作品では年齢のわりに落ち着いて見えるのも、その空気感に関係しているのかもしれない。厳密に言えば、外の風景で影が映るときに、その影が長いことが大きく影響しているのだ。夏ならもっと影は短いだろう。でも私は、このドラマのしんしんとした空気感に惹かれる。

アオイは十七歳の高校生で、看護師見習いとして「由比産婦人科」でアルバイトをしている。バイトの初日から、彼女はアウス（人工妊娠中絶）の現場に立ち会うことになる。病院の院長の由比朋寛（瀬戸康史）はアオイに「九十年代の日本人の三大死亡原因」を尋ねる。アオイは、教科書通りに答えるが、「本当の一位は、アウスだよ」と由比は言う。この日アオイは、アウスによってこの世の中に出てきた胎児をケースに入れて、業者に渡す。胎児を見ながら「輝く命と透明な命、私にはその重さはどちらも同じに思える」と心の中でつぶやくのだった。

二〇二二年に是枝裕和監督の『ベイビー・ブローカー』のパンフレットにコラムの執

筆を依頼された。できあがったパンフレットを見て、本作の脚本家の安達奈緒子さんも執筆されていたのを知った。

安達さんがパンフレットに執筆を依頼された理由はもちろん、『透明なゆりかご』があったからだろう。『ベイビー・ブローカー』は、血縁のない者たちが、捨てられた赤ちゃんを中心として「家族」になろうとするストーリーであるが、安達さんは家族について「持ち得なかった者、失ってしまった者にとっては、家族なんて疎外感を掻き立てられるだけの嫌な集団だ。それでも、欲しいと願うものなのか」と書き、最終的には、「この映画には人間の『善いほうの本能』が書かれているからこそ、『家族的』に繋がることができることができている」と書いていた。

この視点で見ると、『透明なゆりかご』には、「人間の善いほうの本能」で描かれている回も、それだけではない回もあると感じる。ドラマは話数も多く、一話ごとにテーマが変わり、たくさんの事例、たくさんの問い、たくさんの答えにならない逡巡が描かれていることが、良さだとも思う。

特に第六話の「いつか望んだとき」が今でも忘れられない。アオイは病院の前で知り合ったハルミ（モトーラ世理奈）に誘われて、山奥にある格安で人工妊娠中絶手術をしてくれる産院へと向かう。産婦人科で看護師見習いをしているアオイは、「完全にモグリですよ！　これは違法行為です」と抵抗していたが、家の玄関の建付けの悪い引き戸を開けて出てきたのが、優しそうなおばあさんの神村千代（角替和枝）であり、二階から降りてきたのが気のいいおじいさんの重吉（イッセー尾形）で、夏休みに祖父母の家に遊びに行ったかのようにおにぎりやお菓子でもてなしてくれることにひょうしぬけし、居心地の良さすら感じてしまう。

しかし、ハルミは実際にふたりによって、確かに人工妊娠中絶手術を受けた。術後、そんな事実などなかったかのように、お菓子に手をのばす重吉の袖口に、ハルミのものと思われる血がついていたのを見て、アオイはふと我に返るのだった。

無料でやると法律に触れると老夫婦が言っていたことを考えると、これはギリギリ合法ではあるのだろう。原作漫画の同エピソードについて、作者の沖田がインタビューで「昔ズタボロの民家でおばあちゃんが中絶手術をしていたエピソードも、今考えたら犯罪なんですけど寓話的な雰囲気もあって面白いかも」と語っているように、ドラマのほうのストーリーも、寓話的な、どこか夢かうつつかわからないような雰囲気が漂っていた。(2017/05/15「このマンガがすごい!WEB」沖田×華スペシャルインタビュー)

この老夫婦は、実際には人工妊娠中絶手術をするときに必要とされている、父親の同意書などは求めていない。どうせ、「ほんとのことなんかみんな書けないでしょ」「ほとんど偽名だし」と。

最近、女性が妊娠したときに、責任を負わない男性に対する怒りを描いた映画をよく見る。山中瑶子監督の『ナミビアの砂漠』(二〇二四年)も、それだけがテーマではないが、人工妊娠中絶に対して男性側が他人事であることに対して怒りを露わにするシーンがあった。

私がこうした話をしていて今でも思い出すのが、一九七九年に放送された『3年B組金八先生』(TBS)の「十五歳の母」の回である。当時、私の住む愛媛県にはTBS系列のテレビ局がなく、少し遅れて、土曜日の二十二時くらいに放送がされていたと記憶している。小学校の低学年だった自分は、従姉妹と共に祖母の家に泊まりに行っていたときにそれを見たのだが、杉田かおる演じる優等生の浅井雪乃が、鶴見慎吾演じる、やはり優等生の男子との間で子どもを妊娠し、雪乃が誰にも相談できず、ひとりで悩んでいた様子が、それから四十年以上経った今も忘れられないのだ。

特に、こうすれば流産するかもしれないと考え、雨の中で縄跳びをするシーンは、その後、再放送を見たわけでもないのに、たった一回だけ見たその映像が今でも脳裏に焼き付いている。ドラマの中では結果的に、雪乃は子どもを産むことになり「めでたしめでたし」という雰囲気であった。命が芽生えたときに登場人物が人工妊娠中絶を選ぶという物語は、当時は極めて少なく、産むことを選ぶ結末が「最善の選択」とするものが多かったように思う。

しかし、その時代にも多くの女性が人工妊娠中絶を選択していた。「最善に見える選択」の裏に、そうではない選択をした人がどれだけいたのだろうと思わされた。それを描いているということで、『透明なゆりかご』はこれまでとは違う作品だった。

六話の「いつか望んだとき」で、アオイは、「名前も聞かない、費用も安いってなると、罪悪感なく中絶する人が増えませんか。こういうところがあるってわかったら、何も考えずに何度も赤ちゃん作っては殺す……」と言いかけて、老夫婦の顔を見て、言い淀む。老夫婦は言うのだ。「あの台にあがってさ、できちゃったら、また堕ろせばいいなんて思える人は、私はいないと思うよ」と。そう言って、テレビの相撲中継に目を移す。その演技の間《ま》が絶妙すぎて、何度見ても涙が出てしまう。

そうは言っても、事実としてハルミは、今回で二度目の人工妊娠中絶であった。そこには、同じことを繰り返したくなくても、そうなってしまう悲しい出来事や状況があることを思わせた。

六話の終わり、老夫婦は二十年前にやってきたある女の子のことを思い出す。彼らが、簡単に人工妊娠中絶手術に応じなかったことで思い悩み、帰らぬ人になってしまった女の子のことを。その子はちょっとハルミに似ていたらしい……。やっぱり、この六話は寓話的なところも感じられる話だった。

老夫婦が、女の子の一件を機に、人工妊娠中絶手術希望者を受け入れるようになったことを考えると、中絶をしてひとつの命が「透明な命」になってしまうときにも『人間の善いほうの本能』が存在することが見えてくる。アオイが「輝く命と透明な命、私にはその重さはどちらも同じに思える」という言葉の意味が、より深く感じられる。『虎に翼』（二〇二四年）の脚本家の吉田恵里香さんがインタビューでよく「透明化されてきた人に光をあてたい」と言っているのを見るが、まさにこのドラマに描かれていることこそ、「透明化」されてきたことなのではないかと思えた。

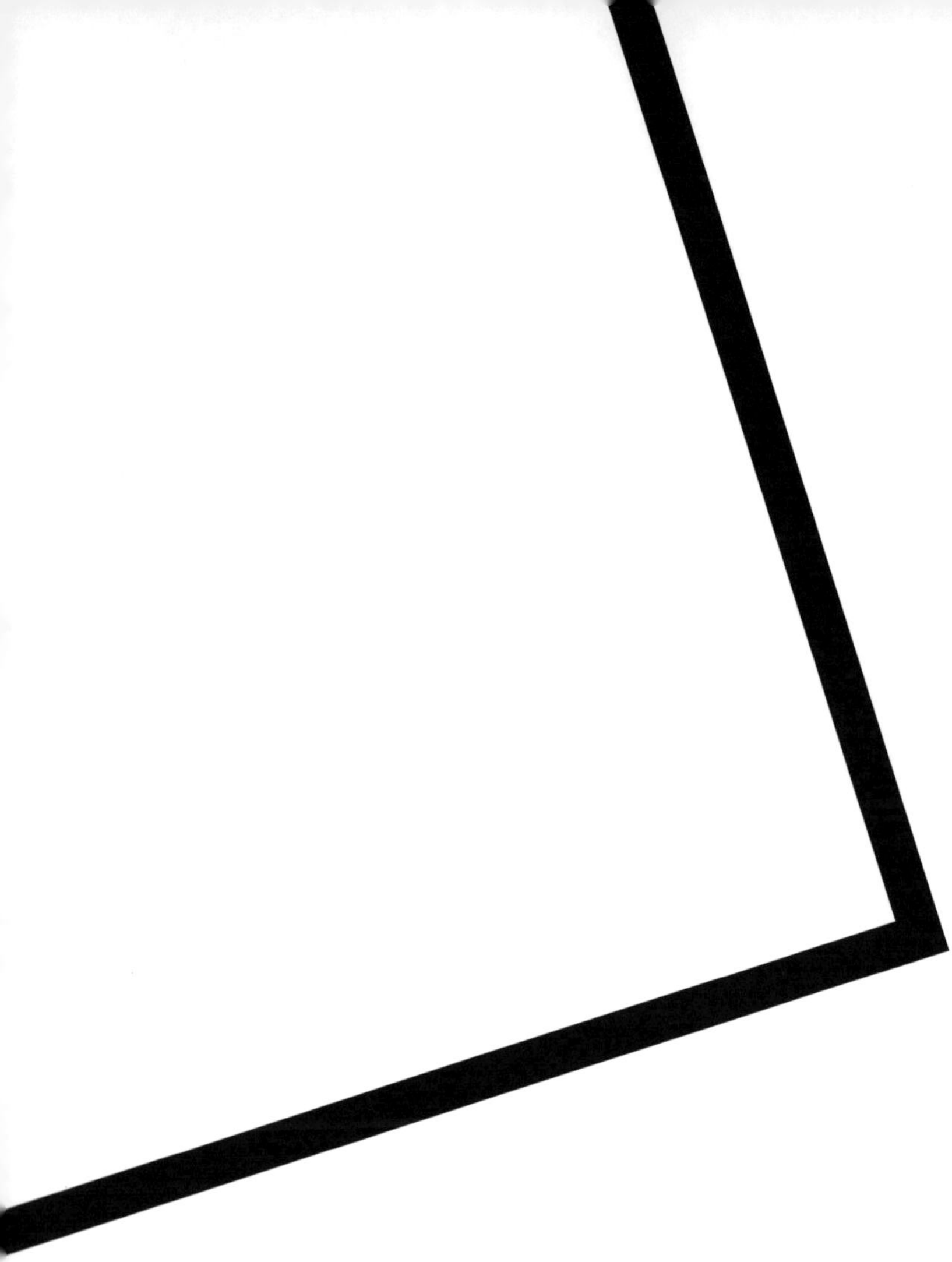

性加害

なぜ、耐えてまで「愛され」を重視しないといけなかったのか

『問題のあるレストラン』

個人的な話になるが、私がフェミニズムを意識しはじめたのは、東日本大震災が起こった二〇一一年のことだった。その年の二月二十五日にK－POPについての著書を出した後、「嫌韓」の空気が日に日に増していった。きっかけは、同年、俳優の高岡蒼甫（現・高岡蒼佑）が、SNSで、フジテレビの番組が韓国のコンテンツを推しているように書いたことであった。

ある日たまたま自分がSNSで書いた韓国に関する発言が〝発見〟され、匿名掲示板で叩かれた。私以外にも、たまたま書いた韓国に関する些細な発言が発見され、中には住所を特定されるほど執拗に叩かれた人もいた。現在は炎上したとしても、一日か二日も経てばその熱は冷める感覚があるが、当時は、一か月ほどは継続して叩かれ続けた。

このときに私がフェミニズムに目覚めたのだが、それは匿名掲示板で、「賢い女性たちは、韓流のスターなどに見向きもしていないのに、あなたのような人がいることで、女性はみんな不埒だと誤解され、日本人の夫や恋人から愛されなくなってしまう」という趣旨の書き込みをしていたのを見て、この人たちがそう思う背景には一体何があるのだろうかと考え始めたからだ。

この書き込みには、「私」の意見がない。代わりに、「韓国の男性なんかにうつつを抜かせば、大切な夫や恋人から見捨てられてしまうから、どうか、良き妻、良き母をしている私たちの邪魔をしないで」という誰かからあたえられた〝良妻賢母〟的な「役割」がなくなってしまうことへの恐怖が感じ取れた。この国の女性たちの一部が「韓流」や「K－POP」を目の敵にすることの背景には、韓国を嫌うナショナリスト男性たちからの影響や抑圧があるのだと気付いたことが、フェミニズムへの関心に繋がった。

それからは、当時、出版されていたフェミニズムの本を手当たり次第手に取った。しかし、当時はまだ映画やドラマでフェミニズムが描かれることは少なかった。だから『アナと雪の女王』で、エルサが孤独の中、「ありのままで」と解放を歌う姿は新鮮で勇気をもらったし、アナを自分のために利用したハンス王子があっさりアナに捨てられる展開に驚いた。今であれば、そんな展開は当たり前だと思えるが、当時はハンス王子がかわいそうという意見も多かった。さらに、SNSでは『アナ雪』の「ありのまま」は生意気だと叩かれ、アナと仲良くなるクリストフが何者でもなくてかわいそうと言い出す男性まで現れた。

『マッド・マックス　怒りのデス・ロード』を見たときには、子を産むために存在させられている女性たちが絶対的権力者であるイモータン・ジョーに対して、ここまで怒りを露わにしていいのかと沸き立った。しかし『マッド・マックス』にはフェミニズムなど描かれていない、俺たちの映画だ！　と声高に語る男性たちの姿を数多く目にした。そんな反応があるくらいには、当時は『アナ雪』も『マッド・マックス』も衝撃的であったのだ。

そんな頃、日本でも、少しずつフェミニズムに関する作品が増えてきた。二〇一五年に、脚本家の坂元裕二は『問題のあるレストラン』というドラマを書き下ろした。

主人公の田中たま子（真木よう子）は、大手飲食サービス会社・ライクダイニングサービスで働いていたが、親友が性被害にあったことをきっかけに、その加害者である男性社員たちにバケツいっぱいの氷水を浴びせて退職し、あらたに雑居ビルの屋上でレストランを開店する。そこには、「問題のある」人々が働いていたが、このレストランの従業員たちを問題に巻き込んだのもまた「加害男性たち」だった。

このドラマを見たときの衝撃は忘れられない。主人公のたま子が、親友に性加害を行った社員たちを許さないばかりか、怒って警察沙汰になる展開が木曜の二十二時に流れてびっくりしたのである。

というのも、このドラマ以前、いやそれ以降もしばらくの間、ドラマの中で女性たちがセクハラをされたり、セクシズムと思われる発言を浴びせられたとしても、「やだー、もう○○さんったら！　私だからいいけど、他の人だったら大変ですよ！」と、かわすのが、女性が円滑に生きていく賢い知恵だと言わんばかりのシーンが描かれていたのである。

男性のセクハラを賢くかわす女性を、女性たちの憧れる人気の女性俳優たちが演じていたのだから、それを見ている視聴者の女性たちも、そうすることが賢いと思ってしまうのは当然だ。

しかし『問題のあるレストラン』のたま子は性加害を見過ごさず、警察沙汰になったってかまわないと、親友に性加害を行った社員たちに氷水をぶっかけたのだ。

今の価値観だと、見ていられないほど激しいシーンもある。性加害にあったたま子の親友、藤村五月（菊池亜希）は、元はたま子と同じ会社で働いていたが、子会社に出向中に起こった食中毒の責任を押し付けられ、幹部社員が見ている前で社長の雨木太郎（杉本哲太）から全裸になった上で謝罪するよう要求され、その要求に従うのである。これほどの酷い性加害を描くということは、それだけ許せない強い怒りを描くということと繋がっていた。

このドラマには、当時の物語の中でよく見かけた、セクハラを笑顔でかわす女性も登場する。たま子が以前勤めていたライクダイニングサービスの社員の川奈藍里（高畑充希）は、コンサバなその様子から「きらきら巻き髪量産型女子」と揶揄されることもあった。

彼女は、第一話から、「日本中の女子社員みんな、『ま、こんなものか』って我慢しながら働いてるんです。そこの線引きできない人は負けなんです」「野球選手と結婚した女子アナ以外は全員負けです。嫌なら会社やめればいいじゃないですか。やめないくせにすぐに『傷ついた』って、そういう人って箸が転んだって傷つくんですよ」というセリフをまくしたてる。その後も、「女の価値は人生でいくらおごってもらったかで決まるから。割り勘は女の敗北」など、「迷言」の数々を残している。

こうしたある意味、「女性は、会社でセクハラやパワハラにあっても、いちいち目くじらを立てずに、右から左へ受け流し、自分を金銭的に不自由ない状態にしてくれる男性と結婚するのが勝ち組」という当時（今も残っているのかもしれないが）の風潮を、露悪的なまでに体現するキャラクターを私は見たことがなかった。

彼女のことを一言で表すならば、「男性目線から見た都合の良い女性像を『内面化』した女性」と評してもいいだろう。

ただ、川奈藍里のように、男性目線を内面化した女性はかえって自分の中ではアンバランスな状態になっているのかもしれない。誰からも素直でいい子に見られたいからこそ「内面化」していたはずなのに、謀らずも辛辣でシニカルで意地悪なところが垣間見えてしまっているのだ。川奈は、特に女性に対して辛辣で、自分は男性から性的な存在と見られているが、あなたは見られていない、とマウントを取ってばかりなため、当然、女性の友人は存在しなかった。

川奈は周囲の男性には常に笑顔をふりまき、男性を傷つけるような言動を周到に避けている。そのため、ある同僚男性に自分とつきあっていると勘違いされ、ストーカーされることになってしまう。彼女には電話するくらいの間柄の女性の知人はいたが、常に男性におもねった態度を取ってきたために、ストーカー被害を相談しても、いつものモテ（自慢）だろうと、まともに取り合ってもらえない。

しかし、川奈藍里の異変にただひとり気付いたのは、いつも彼女が悪態をついてきたたま子であった。たま子は、レストランの同僚たちと住んでいるシェアハウスに川奈を連れて帰るが、そこでも川奈は強がり、たま子らに対して奇妙な「アドバイス」を始める。「みなさんがうちのお店に勝つ方法は」「水着で接客して握手すればお客さんたくさん来てくれます」「私、心にいっつも水着きてますよ」「お尻とか触られても、ぜんぜんなんにも言わないですよ、お尻触られても何も感じない教習所卒業したんで」「上手に強く生きてる女っていうのは、気にせず、許して、受け入れて……」と。

たま子はたまらなくなって、「あなたの体は、髪も、胸もお尻も全部、あなただけのものなんだから、好きじゃない人には触らせちゃだめ」と真剣に説くのだ。

川奈には、そのたま子の真剣さが伝わってはいたが、自分のそれまでの行動もあってか、いたたまれなくなり、その場を出て行く。結局ストーカーの逆鱗に触れ、殴られてしまうのだが、たま子は傷ついた川奈に再び手を差し伸べる。川奈は結果的に、たま子の「おせっかい」に何度も救われるのだ。

実際の社会では、男性にあわせて、相手を傷つけず、最大限「愛される」努力をするのが「したたかさ」であり、結果的には幸せになる近道だと信じている人もいるかもしれない。それが証拠についこの間まで、「愛されOL」などという言葉がメディアに氾濫していたではないか。川奈藍里のことを思うとき、なぜか私は、匿名掲示板で見た女性たちのことを思い出してしまうのだった。

今になって考えれば、川奈藍里は、『逃げ恥』で若さばかりを武器にして、百合ちゃんにエイジズムを突きつける〝ポジティブモンスター〟こと五十嵐杏奈にも似ている。彼女たちは、ミソジニーを持った女性なのである。かつては、私だってミソジニーを持っていたこともあるし、これからもそれが顔を出すこともあるかもしれない。

けれど、自分自身の経験や知識によって、ミソジニーが自分を傷つけることになると想像することができるようになってきた。ドラマの中の川奈藍里や五十嵐杏奈は、単に悪役なのではなく、我々にミソジニーとは何かを教えてくれる存在であったと後になって気付くのである。

男性による組織的な性犯罪に対して、女性たちが立ち向かう『SHUT UP』

映画『花束みたいな恋をした』（二〇二一年）は、二〇一五年にサブカル趣味で意気投合してつきあった山音麦（菅田将暉）と八谷絹（有村架純）が、五年の間に現実の問題に直面して二〇二〇年に別れるまでを描いた恋愛映画であった。経済的な格差がふたりを別れさせたという意見もあるが、私は、絹が麦の中にあった家父長制的な考え方や、潜在的にあったミソジニーに気付いて別れることになったのではないかと思っている。

以前、私が『文化系トークラジオ Life』に出演したときに議論されたのが、「絹は韓国のフェミニズム小説『82年生まれ、キム・ジヨン』を読んでいたのではないか」ということである。もちろん、劇中にそのような描写はないから、見ている者が想像して言っているにすぎないのだが、もしも絹が日本で『キム・ジヨン』が出版された二〇一八年の年末から二〇一九年にこの本を読んでいたら、麦が慕っていて突然亡くなった先輩が、酔うと彼女以外の女の子を口説いたり、彼女に暴力をふるったりしたことを、見過ごすことができないのではないか。それなのに麦はそんな事実を知る由もないどころか、先輩の死への感傷に浸っている。それは、絹が別れを決意するのに十分な理由のひとつになり得るのではないか。

これは劇中の絹に限らず、我々のように現実に生きる者にも共通の意味を持つだろう。『キム・ジヨン』を読んでいるということは、フェミニズムの考え方に触れたことがあるということを意味する。『キム・ジヨン』が出版された頃から現在に至るまで、比較的間口が広く、フェミニズムを知るきっかけになる本として代表的なものであるということに変わりはないだろう。

前置きが長くなったが、『SHUT UP』(二〇二三年)というテレビ東京系の深夜ドラマの主人公たちも、『82年生まれ、キム・ジヨン』を読んでいるだろうかと考えてしまった。もっとも主人公の田島由希(仁村紗和)は、書店でバイトしているから目にしたことはあるだろう。宅建を勉強したり、友人がマルチ商法に引っかかって商品をいっぱい買わされたときもクーリングオフをやってのけたりする人で、交渉ごとにはめっぽう強いタイプだ。知識としてのフェミニズムを知らずとも、自分自身の「許せない」と思う基準に従ったら、男性から向けられる女性蔑視や、性加害と戦うことになり、物事を解決に向かわせていくのではないだろうか。

その主人公の由希は、川田恵（莉子）、工藤しおり（片山友希）、浅井紗奈（渡邉美穂）と四人で、東桜大学の学生寮で共同生活を送っていた。皆、地方から上京して、バイトをしながらやっと大学に通える経済状態であり、生理用のナプキンを買うお金にも困っていた。

ある日、恵がインカレサークルのリーダーであるエリート大学生の鈴木悠馬（一ノ瀬颯）と関係を持ち、望まぬ妊娠をしてしまう。憤った由希らは、悠馬に責任を取らせようと彼の元に向かうが、悠馬は恵のことを、「一度の誘いで寝るような女性が妊娠しても自己責任である」とまるで取り合わないのだった。

これまでのドラマであったら、東京出身のエリート大学生と、地方出身の貧乏女子大学生が出会ったら、女子大学生の純粋さと愛情でその格差を乗り越えられる物語になっていたかもしれない。

お金持ちの男の子と貧乏な女の子のラブストーリーと言えば、漫画『花より男子』（一九九二年）が思い浮かぶ。貧乏な牧野つくしは、金持ちで学園の中心人物である道明寺司や花沢類から、自分たちのコミュニティには決して存在しない「雑草のような女」「おもしれー女」であることで新鮮さを持って迎えられ、「嘘のないまっすぐな女」として愛されてしまう。

山内マリコの小説が原作の映画『あのこは貴族』（二〇二一年）も、東京出身のエリートの青木幸一郎を巡って、東京のお嬢様の華子と、地方出身で大学進学には成功したがドロップアウトしてしまった美紀の人生が、一瞬だけ交差する物語だ。美紀は、嘘がなく、まっすぐで純粋で健気な女性とは描かれず、生存に必死で自立して生きる女性として描かれていたことが、ありきたりなラブストーリーから進化している。最終的に、ふたりは幸一郎に選ばれるどころか、幸一郎を選ぶことすらなかった。

『あのこは貴族』（特に映画版）の幸一郎は、ふたりの女性と同時期に関係を持ったことは事実ではあったが、幸一郎に悪意はなく、彼は彼で家柄のせいで背負う宿命があったと描かれていた。

しかし、『SHUT UP』は、エリート大学生の鈴木悠馬の罪がとことんまで問われる物語になっている。

悠馬が許されないのは、ひとりの女性を彼女の意志に反して妊娠させたということだ。そのことに対して憤った由希、しおり、紗奈の三人が人工妊娠中絶費用を要求しに行くと、「もうちょっと落ち着けない?」「建設的に会話しようよ」と上から目線で諭し、「妊娠が俺の責任」ということに根拠がない、つまり恵が別の男とも寝ているかもしれないと反論するのだった。しかも、誘われたその日のうちにつきあってもいない自分と性行為をしたことで、他でも同じことをしている可能性があるとまで言うのだった。

以前の物語で、果たして友人の臨まぬ妊娠に対して女性たちは抗議しに行けただろうか。ここまで論破をしてくる男性に対して、最後まで追い詰める物語はできていただろうか。フェミニズムが浸透していない世の中では、作られなかったドラマではないかと思われる。

悠馬のミソジニーが個人的にひとりの女性に向けられているだけでなく、組織的なものであることも許されない理由だろう。彼は、インカレサークルを率いており、著名人などに、サークルの女性たちを接待としてあてがっていたのだった。これを大学のサークル内の出来事と甘く見てはいけない。

日本では組織的な犯罪がエリート学生のあいだで、何度も何度も起こっている。二〇〇三年の早稲田大学のスーパーフリー事件にはじまり、二〇一六年の慶應大学の公認学生団体がおこした慶大生集団強姦事件、同年の東大生による集団強制わいせつ事件など、こうした性暴力事件は後を絶たない。東大生の事件をヒントに『彼女は頭が悪いから』という小説が書かれたくらいだ（このドラマにも同小説の影響が大いに感じられる）。

性加害を起こした慶大生が所属していたのが、ミスコンテストを主宰していた広告学研究会であった。ミスコンテストは女性アナウンサーへの登竜門とも見られており、彼らは、テレビ局や芸能事務所とパイプがあったとも考えられている。

各国のエンターテインメントの世界でも性加害の問題が続々起きている。韓国ではBIGBANGのメンバーV．Iが関与していたバーニング・サン事件であったり、アメリカのラッパーで音楽プロデューサーのショーン・コムズ（ディディ）が逮捕された組織的な性的人身売買や売春、恐喝共謀なども発覚した。日本でもジャニー喜多川による性加害問題や、松本人志や中居正広の疑惑も明るみに出た。

これらの事例は、個人だけが行ったことではなく、組織的な関与があったのではないかということが、より重要な問題であると考えられる。

『SHUT UP』では、サークルの幹部が斡旋して、VIPと呼ばれる金持ちに女子大学生たちが派遣されるのである。VIPであるテレビ局や広告代理店などの人たちと知り合えば、女子大学生たちの就職にも有利なところがあり、またサークル幹部たちの業界とのコネも強固になるのである。このようなシステムを、決して使いたい言葉ではないが「上納」と呼ぶ人は呼ぶのだろう。

男子学生の中には、そんな風に女性たちが金持ちの男性たちと知り合うことを、「おいしいよね、いろんな人と繋がれてお小遣いまでもらえるんだから、いいよなー女は」と大げさに言う者すらいる。このような考え方は、ドラマの中だけにあるものではないだろう。

『SHUT UP』は、こうした学生による組織的な性暴力事件の問題を真正面から描いた、初めての地上波ドラマだと言えるのではないか。

当然、由希たちは、恵に望まぬ妊娠をさせた悠馬ひとりに立ち向かうだけでなく、彼が仕掛ける組織的な罪にも立ち向かわなくてはいけない。

しかし、悠馬は手ごわい相手である。ああ言えばこう言う〝論破〟のスタイルは、「ひろゆき」のものを踏襲しているようにも思える。彼を支えるサポート役は、地方出身で、内部生ではないということでコンプレックスのあった人物。格差を巧みに利用し、悠馬は由希たちを追い込む。

由希たちが悠馬に立ち向かえたことのひとつとして、悠馬の彼女・露木彩（芋生悠）の存在は大きいだろう。彼女は、悠馬と同じエリート大学の三年生で、自身も「TSUYUKIジュエリー」の社長令嬢である。

これまでの物語であったら、自分の彼氏をおびやかす女性は恋のライバルであり、たとえ彼氏に非があったとしても彼氏を信じて、女性を悪者にしてしまうこともあっただろう。

しかし、このドラマでは、彩は悠馬やサークルの男性たちの異変に気付き、彩自ら、由希たちにDMを送るのである。恵が彼との子を妊娠していたことを知ってショックを受けるが、悠馬から百万円を奪う計画の誘いに乗るのである。

当初は戸惑っていた彩だったが、悠馬と仲間のLINEを盗み見したときに、ショックな一文を見つける。恵や由希らのことを「東桜レベルでまともに相手されると思ってんの謎すぎる」「ビッチ集団」と書いていたのに対し、彩のことは「ピュアな彩ちゃん」「彩がいい子でよかった〜」と純粋性を持ち上げていたのを見て、彩は由希らに協力することを決意するのである。

現実においては、こうした女性たちは、「ビッチ」と「純粋性」、「ぞんざいに扱っていい存在」と「大切に扱うべき存在」に分けられ、自分が後者であることに喜びを感じる女性というのもいないわけではないだろう。しかし、このドラマでは、その「おかしさ」に彩は異を唱える。

自分以外の女性をぞんざいに扱っていたり、望まぬ妊娠をさせたり、組織的に女性たちをＶＩＰに斡旋したりしている男性を信じることは、彩にとって、自分の倫理観と存在意義をゆるがされる出来事であったのだ。

彩は悠馬の仲間たちから情報を聞き出し、由希らと共に百万円強奪の計画を遂行する。こうしたところは、このドラマがコンゲーム的な要素を持つ部分であるし、多くのこのドラマのファンが、本作を「Netflixなどを通じて世界で見られてほしい」と望む所以《ゆえん》だろう。

彼女たちの「計画」は、悠馬からの攻防により、一進一退を繰り返すが、最終的には、彩と由希がサークルのイベントに乗り込み、悠馬のしてきたことを洗いざらい暴露することで決着する。

こうした勇気ある行動によって、恵の他にも、たくさんの女子大学生たちが性被害にあっていたことを言えずにいたことが発覚。多くの女性が被害を訴え、それを取りまとめて彩が学校にかけあったことで、悠馬のサークルは解体するのだった。

こうした告発の口火を切るのは、正直「怖い」ことである。当事者の恵は、当事者だからこそ、ひるむ姿を見せたが、由希や彩のような、非当事者が立ち上がったことで、他の被害者たちも声をあげることができたのである。

実際にも、声をあげる人の勇気には感服するし応援したいが、声をあげられない人がいたときにどうするかということにも踏み込んだ作品であった。

二〇一九年に制作された『ガール・コップス』という韓国映画は、先述のバーニング・サン事件や、n番部屋事件と言われるデジタル性犯罪を絡めながら作られた作品である。

この映画の中で、女性たちの性被害の事件を執拗に追う刑事のミヨンは、「なぜ私がここまですると思う? 被害者が気の毒で? 同じ女として悔しいから?」と自問した後に、「女たちが『自分の過ちだ』『自業自得だ』と自分を責めるしかない状況に腹が立つからよ。紛れもない被害者なのに……」と語るシーンがある。

『SHUT UP』の由希たちの行動も、同じ怒りが原動力になっていると感じた。

女の子の周りには、偽物の神様がいる

『ファーストラヴ』

私は頻繁にWEBのサイトにドラマのレビューを書いているが、あるとき、SNSに「原作をドラマ化した作品は原作ありきだから、そこに純然たるドラマの批評というものは存在するのか」という意見があったのを見て、ちょっと考え込んでしまった。

ドラマにはドラマの良さがあり、そこに脚色や演出や演技や、その他音楽や照明など、いろんな要素が加わる。物語のベースとして原作があるかもしれないが、それとは別のものになり、別の良さが生まれると思っているのに。しかも、「原作を映画化した作品には、純全たる映画の批評は存在しない」とは、あまり言われることはないだろう。そこには、ドラマというもの、もっと言えばテレビが軽んじられている部分があるのではないか。

原作をそのままに映像化するのだけが正解と思われてしまうのも何か違う気がする。

例えば、パク・チャヌクの『お嬢さん』（二〇一六年）は、サラ・ウォーターズの小説『荊《いばら》の城』（二〇〇四年）を日本統治下の韓国に置き換え、大胆に脚色された映画だが、むしろそれが絶賛されている。村上春樹の短編小説を原作にした濱口竜介の『ドライブ・マイ・カー』（二〇二一年）にしたって同様だ。

映画、特に国際映画祭で受賞するような作品ならば、大胆な脚色や解釈が歓迎され、ドラマでは歓迎されないということがあるとしたら、それはそれで何か釈然としないものがある。かといって、原作に描かれた核の部分がなきものにされるのもいいことではない。

NHKで放送された一話完結の特集ドラマ『ファーストラヴ』は、二〇一八年に刊行された島本理生の小説が原作の作品である。ドラマ化は二〇二〇年の二月にされたが、映画化もされており、二〇二一年二月に公開となった。両作品とも二時間程度の作品で、ドラマだとか映画だとかの違いは日本ではあいまいだなとも思える。

ドラマ版は、新聞赤旗の「試写室」という小さいコラムに書くために、映画版は、パンフレットに執筆を頼まれて見る機会を得た。

ドラマの放送前に、NHKでの試写会と記者会見にも行った。ちょうどコロナの自粛が始まる直前で、このようなリアルな会見に行く機会がしばらくのあいだ間なくなったので、記憶に残っている。登壇していたのは、俳優の他に、プロデューサーや演出家、脚本家など。その三人が女性だったことも印象的だった(それが当たり前にならないといけないとは思う)。脚本は吉澤智子、プロデューサーや演出も、それぞれTBSスパークルに所属の塩村香里と宮武由衣が担当している。

対して映画版は脚本は浅野妙子だが、監督が堤幸彦で製作に名を連ねるのも男性が多かった。

同じ原作をベースとしているのに、見終わったときの感覚も違った。もちろん、演出も違えば演じる人も違うのだから当然だが、どこに重点を置くかでも、見えるものが違う。映画版は、殺人の疑いをかけられた少女(芳根京子)が何に傷ついて事件を起こしてしまったのかに重点が置かれるのではなく、そのことでルポの本を書こうとしている公認心理士(北川景子)と、彼女の元交際相手で事件の担当弁護士(中村倫也)の人間関係や、事件解決までの過程に重点が置かれていて、バランス良く描かれたサスペンス映画だと感じた。

対してドラマ版は、殺人の疑いをかけられた少女と、彼女を性的に搾取している構造についての印象があまりにも強いからこそ忘れられない作品になった。

主人公の公認心理士・由紀は真木よう子が演じている。由紀は、「美人女子大生の父親刺殺事件」のルポ執筆の依頼を受け、犯人とされる環菜（上白石萌歌）に接見しに行く（いちいち注釈を入れるなら、事件の容疑者を「美人」などと括って、注目を浴びさせるようなやり方は良くない。もちろんドラマでは、そのような現実があると示しているにすぎないのだが）。

環菜の「（殺人の）動機はそちらで見つけてください」という発言が話題になり、世間からも注目されていた。しかし実際には「動機は自分でもわからないから、見つけてほしいくらいです」と言ったことが世間で独り歩きしてしまっていたのだった。

環菜は自分のことを「正直に言えば、私、嘘つきなんです」と言ったり、突然、声色が変わったりして不安定なところがあったため、由紀は戸惑いを隠せない。しかし、事件を追ううちに、彼女のこれまでの過酷な状況があきらかになっていく。

環菜が生まれた経緯もありきたりではなかった。母親の昭菜（黒木瞳）が交際相手との間で子どもを妊娠したが、その交際相手には「産むな」と言われる。妊娠を知ったかつての交際相手である現父親の那雄人《なおと》（飯田基祐）が、「（この）母の子だったら絶対きれいだからもったいない」と言い、結婚して生まれたのが環菜であった。つまり、戸籍上の父親の那雄人と環菜とは血は繋がっていなかったのである。

那雄人は大学で美術を教えており、まだ幼い頃の環菜は授業で、ときおりデッサンのためのモデルにかりだされることがあった。絵を描いているのは、全員男子学生であり、彼女は裸の成人男性と一緒にモデルをしていた。そのことが嫌で、彼女はリストカットを繰り返す。傷があるうちは、モデルをしなくて済むのだった。母親に見つかると、「鳥におそわれ」てできた傷だと嘘をついていた。

小学校を卒業したある日、父親に叱られて家を出た環菜は、行く当てがなくて困っていたところを、コンビニで働く男性に声をかけられ、彼の家で過ごすことに。もちろん、未成年と大人の関係性は（彼女が捕まったときには時効になっているが）強制わいせつ罪（現・不同意わいせつ罪）に当たるし、助けているようでいても、彼女を搾取しているだけという関係性でもある。それでも彼女は、その男との思い出を「初恋」として語るのだった。『ファーストラヴ』というタイトルが、ここまで悲しい意味を持つ作品だったとは、このシーンを見るまでは知らなかった。

環菜は、生きていくために男性たちを利用して居場所を獲得していくしかなかったが、彼女に近寄ってくる男たちは皆、最終的には彼女のことを「嘘つき」と言って去っていく。彼女は男たちに求められると、曖昧に笑顔を作ってしまい、そのことが性的な「同意」を意味すると思われてきた。

行く当てのない少女を性的な目的と引き換えに助ける成人男性の物語はたくさんある。それを美談かのように描いた作品のことを問題だと感じてきたが、この作品はその反対で、決して美談とは描かず、少女の苦悶を描いた。

環菜は最初、「動機は自分でもわからないから、見つけてほしいくらいです」と言っていた。その「動機」が由紀と出会ったことで次第に見えてくる。

彼女は、父親の美術の教室で裸の男性と共にデッサンのモデルをしていたことは書いた通りだが、環菜自身は洋服を着ているから、直接的に性的搾取をされているとは言えないかもしれない。しかし、裸の男性と一緒にモデルをしていることはどうなのか？もちろんドラマの中では「構図的に女の子の視界に入らないように考慮されていた」というセリフもあったものの、裸の男性と「背中合わせ」で接触していることは、環菜に心理的な不安をあたえなかったのだろうか。

その上、男性の大学生ばかりが長時間、彼女のことを凝視している。その場にいた元学生たちは、「男女の体の違いや、大人と子どもの体の大きさの違いがわかった」と環菜がモデルをする正当性を語る。また「誰も彼女をそんな目で見ていない」と性的な意図がないことを強調するが、環菜には大きな心理的負担があったのだ。

これについて由紀は「見られていただけでも、性的な視線を日常的に感じていたら、トラウマになることがある」と言う。しかし、その場にいた男性たちは、自分の視線も罪になるというのなら、それは怖いと笑い話にするのだった。

大学生になった環菜は、父に反対されながらも、アナウンサー試験を受ける。実は、カメラテストの会場には、面接官は男性しかおらず、デッサンのモデルのときと同じように、彼女のことを大勢の男性が凝視しているという場を体験してしまう。幼い頃のトラウマを思い出した彼女は錯乱状態になって父親の元に行き、もみあっている中、持っていた包丁（それは自分の腕に傷をつけるためのものであった）で父を誤って殺してしまったのだった。

彼女は自分を「嘘つき」だと言ったが、そのときに「正直言って」と前置きしていたのが忘れられない。自分を「嘘つきだ」ということを「正直に」言っているのである。彼女が嘘をつかないといけなかったのは、自分の身を守るためにギリギリだったからである。その嘘の中には、嫌なことであっても笑ってしまう、これくらい平気だと言い聞かせてしまうという、自分に対する「嘘」も含まれていたのではないだろうか。

また、彼女が絵のモデルをしていたときのことを思い出しながら、その気持ちを「気持ち悪い」と言った後、はっと我に返り、そんなことを言ってしまった自分を顧みて、猛省する場面もある。自分の感じた本音、つまり男性たちのことを「気持ち悪い」と感じた気持ちを言えば、男性たちから守ってもらえなくなる。自分が庇護されるために、本音を隠して曖昧に笑うしかなかったことがうかがえるのだ。

日頃、自分の思いを押し殺して、「いい子」を演じていると、余計に中にうっぷんが溜まって、ときおり他者に対しても自分と同じように抑圧を求めてしまう女性というのは、『問題のあるレストラン』の川奈藍里とも共通するキャラクターである。私は現実でも、このような人を見たことがある。

環菜を苦しめた人の中には、母親もいた。母親が父親の行動を見て見ぬふりをしているということは彼女を大いに苦しめたが、終盤でその母親にも無数のリストカットの跡があったことを由希が知って「その傷はあなたがそれだけつらい思いに耐えて生き抜いた証なんです」と語り掛けるシーンがある。一見、毒母のようなこの人も、実は娘と同じ痛みを感じていたのだとわかってせつなくなった。自分が押し殺してきた感情を、抑圧として娘に向けていただけだったのではないだろうか。

ちなみに、映画版でも由希は母親にリストカットの痕があったのを知るが、驚くだけで、語り掛けることはない。ドラマ版では、環菜だけでなく、事件を追う由希、そして環菜の母親という三者の「傷」を通じたシンパシーがはっきり見える構造になっていた。

由希は事件が解決した後、「女の子の周りには、偽物の神様がたくさんいるからね」と言う。これは環菜に向けられたものだけではなく、由希にも、母親にも当てはまるものだろう。このセリフは原作にあるものだ。しかし映画にはなかった。「原作をドラマ化した作品は原作ありきだから、そこに純然たるドラマの批評というものは存在するのか」という問いに戸惑っていた自分がいたが、こうして同じ原作を映像化した二作品を見ると、どんな場面や、どんなセリフを選んで映像にするか、それだけでも伝わるものが変わってくることがわかった。当たり前であるが、何に疑問を感じ、どこに焦点を当てるのかで、ここまで見た後の感覚が違うのかと思えたのだった。

重要なのは、無関心でいないこと

『フェンス』

放送批評懇談会が優秀な番組や個人、団体を表彰する第六十一回ギャラクシー賞のテレビ部門の大賞を受賞した『フェンス』（二〇二三年）。毎月ギャラクシー賞の受賞作は発表されているが、月に四本選ばれる月間賞が一年間で四十八本、そこに公募で集まった作品を含めた中から、その年の選奨の十作品が決まり、その十本から、優秀賞三本と、大賞一本が決まる。この『フェンス』は、一年間で放送されたドラマ、ドキュメンタリー、バラエティなどを含めたすべての作品の中で一位を獲った作品なのである。しかも、毎年の大賞は、ドキュメンタリーや報道番組であることも多い。だから、ドラマで大賞を獲るということは、そこに社会的な意義があるとみなされているということでもある。

このドラマの企画は、当時、NHKからNHKエンタープライズに出向していたプロデューサーの北野拓が野木亜紀子に相談したことから始まったという。元々NHKの新人時代に沖縄で記者をしていた北野は、地方局にいた二〇一六年に宮崎発地域ドラマ『宮崎のふたり』を安達奈緒子の脚本で製作、野木とは『フェイクニュース　あるいはどこか遠くの戦争の話』（二〇一八年）で初めてタッグを組んだ。

北野の経歴を詳しく書くのには理由がある。彼が記者出身ということで、ドラマを作る際にも、入念な取材をすることが多い。そのような作り方は、ドキュメンタリーの制作会社で働いていた野木とマッチしていると思われる。筆者が『フェンス』の放送前に野木にインタビューしたときは、日米地位協定に詳しい教授に始まり、沖縄の警察の方、米軍側の捜査機関、米兵事件を扱う弁護士、女性支援団体、精神科医や産婦人科医、基地従業員の方、ミックスルーツの方、その友だちの友だち……と百人以上に話を聞いたと話していた。（2023-04-21『TOKION』野木亜紀子インタビュー）

そのようなドラマの作り方はＮＨＫには存在する。特殊詐欺を扱った安達奈緒子脚本の『サギデカ』（二〇一九年）でも、警察関係者や詐欺犯を知るジャーナリストに、主にスタッフが取材をしながら制作していったという。

野木亜紀子は、その後も映画『ラストマイル』やドラマ『海に眠るダイヤモンド』（Ｔ

BS系・二〇二四年）など、NHK以外でも取材を生かした作品を作っている。私が『海に眠るダイヤモンド』の放送を前に野木に取材したときにも、「取材をすると、興味の地平が開けます。書きたいことがどんどん出てくる」と語っていた。（『anan』No.2416）

そんな取材が生かされた『フェンス』の物語は、東京の週刊誌のライターであるキー（松岡茉優）が、編集長の東諭吉（光石研）から、沖縄に行ってブラックミックスの女性・桜（宮本エリアナ）が米兵から受けた性的暴行事件について取材をするよう命じられたところから始まる。普段は、キャバクラに潜入して記事を書いていたキーは、破格のギャラにつられて取材に向かうのだった。

当初編集長は、桜の祖母のヨシ（吉田妙子）が平和運動に参加していることから、性暴行事件を自分たちの運動に注目を集めるための嘘だとみていた。実際には、性暴行事件は嘘ではないが、高校生の琉那（比嘉奈菜子）が受けた性暴行の事実を、桜が身代わりとなって訴えていた。このことを知ったキーは、沖縄に残り、桜たちと犯人を突き止めようとする。

ストーリーからは、辺野古の座り込みにアルバイトが雇われているというデマを信じる人がいることを思い出させる。ドラマの中の、桜とヨシの会話にもそのようなデマのエピソードが出てくるのだ。

また、性的暴行のエピソードがあることで、男性の加害性についても描いているこの作品であるが、実は誰が性暴力をふるったのかを探すサスペンスでもあるので、犯人が誰なのかは最後までわからないのである。

だからこそ、基地にいる米兵だけに加害性があるわけではなく、キーや桜の身近な男性にも加害性があると描いているのである。

キーの働く週刊誌の編集長の東は、性被害の記事を勝手に盛って面白おかしく書き換えるというところに、加害性が見える。

桜のかつての交際相手で、今は米軍基地で働いている仲本颯太（與那城奨）は、桜がレイプされたことが、キーの週刊誌の記事によってあきらかになると、「女が『レイプされました』とかよく言えたな、普通そういうの言えんだろ」と桜に告げる。これは、レイプされた女性のほうが世間に顔向けできないようなうしろめたさを感じないといけないとされる構造があることをあきらかにしている。されたほうは何の落ち度もないのに。この颯太の発言には、レイプの被害者で、被害を告発したような人間が仲間うちにいると思われると、基地で働けなくなるかもしれないという恐れも滲んでいて、ここにも加害性がある。

実際に性被害にあった琉那は、同じく性被害にあった友人が警察に駆け込んだところ、「家に行ったのが悪い」「抵抗したのか」「お前が悪い」と言われたことを我がことのように感じて心を痛めている。また琉那は、自分の祖父からも性暴力を受けていた過去があり、祖父にも加害性がある。

キーが沖縄で頼りにしている沖縄県警中部警察署の警察官・伊佐兼史（青木崇高）との会話にもすれ違いがある。伊佐は、アメリカ軍の男性とつきあいたい女性たちのことを「米兵とやることしか考えてない」女性とみており、偏見を持っている。そんな彼に対して、キーは、「自分たちのものになるはずだった女をアメリカの男に取られるのが気に食わないから」だとその加害性を指摘する。

また伊佐とキーは、伊佐の東京勤務時代に一夜を共にしたことがあり、その晩、キーは何も言わずに夜中にホテルを抜け出していた。伊佐は自分が正式にキーに告白しなかったためだと思っているのに対して、キーの理由はセックスのときに伊佐が避妊をしようとしなかったことに対しモヤモヤしたことであった。

このように、実際に琉那に性加害をした犯人の他にも、加害性は誰もが持っている可能性があるものと指摘されているのだ。

これは、野木亜紀子の他の作品にも共通するものである。恋していたときには、男女の関係性においての平等な交換ができていた『逃げるは恥だが役に立つ』の平匡(星野源)も、みくり(新垣結衣)との結婚がちらつくと、女性の家事労働は無償でするものと搾取する側に回る。『獣になれない私たち』でも、会社で共に働いているときには、非正規社員の晶(新垣結衣)の働きに対してその立場にかかわらず感謝ができていた京谷(田中圭)も、つきあいだしてからは、晶にいつでも従順でかわいい女性でいてほしいと考えてしまう。

しかし、野木作品で共通しているのは、そのような加害性があったとしても、一発でアウトにはならないということだ。対話によってその加害性を指摘するし、その結果、別れることも、つきあい続けることもある。『フェンス』の伊佐にしても、最後まで刑事として性加害をした犯人を突き止めることをやめないし、キーとの間にも緊張感はありつつも、関係性が絶たれることはない。

これは、人の「内心」には、誰にでもそのような加害性があって当然で、それは、出会いや対話によって、改めることができるということが前提としてあるように感じる。『MIU404』で描かれていたように、罪を犯すような人でもどこかに分岐点があって、どちらに行くかはわからないし、もし罪を犯しても、その罪を理解してつぐなえば、元の道に戻れるという認識があるように感じる。もちろん、性犯罪者がメディアなどに復帰することに関しては、フラッシュバックや二次被害を引き起こすこともあり、これにあてはまらないことも存在するとは思う。

加害性の揺らぎは、キーのほうにもある。キーにも、身近に性加害があり、その影響によって、性に対して「減るもんじゃないし」と奔放で自己決定権があるようにふるまい、自暴自棄になっているような場面も描かれていた。キーは桜に対しても、ブラックルーツの女性を好きなバーテンダーの男性に対して、桜が近づいて情報を得ることが好都合だという偏見を向けるシーンもある。男性の加害性や偏見だけでなく、誰にでも秘められた偏見があるのだと気付かせてくれるところでもあるし、自分にも加害性があるのではないかと疑う気持ちを取り戻させてくれるのだった。

しかも、キー自身も、過去の身近な性被害によって傷ついているのに、気付かないふりをして生きているのだ。そのような性被害による反応については、新垣結衣が演じる精神科医・城間薫のシーンで描かれている。これも、取材したファクトに基づいて描かれたものだろう。そうでなくてはいけないシーンだからだ。

この薫のシーンで、性的暴行被害にあった琉那が自分のことを「汚れている」と言うセリフがある。これに対して薫は、「暴力をふるう人間に問題があるのであって、暴力を受けた人はなんにも悪くない」と告げる。最近は、性暴力に限らず、この言葉を忘れそうになっている事例が多いと感じる。傷ついた被害者を思い、加害者を糾弾すると、それがあたかも「暴力」であるかのようにすり替えられる事例も多いから、誰が最初に暴力をふるわれて傷ついているのかという前提を忘れてはいけないと強く感じた。

もちろん、このドラマは、性加害の事件を追うなかで、日本とアメリカとの歪《いびつ》な関係性をあきらかにするドラマでもある。「日米安保条約は日本国憲法よりも上」というセリフにもはっとさせられた。

そんな中で、私が印象に残ったのは、米軍基地周辺の水が有機フッ素化合物（PFOS）によって汚染されていることに触れたシーンである。実はさまざまな国に米軍の基地はあって、地位協定は結ばれており、水質汚染に関して同様の問題があるにもかかわらず、日本だけが何も言えないということが示されていた。よくよく考えたら、ポン・ジュノの作品を代表とした韓国映画などでも、アメリカや、世界的な経済至上主義のもたらした弊害に対して、決して黙ってはいないのである。野木亜紀子は、映画『ラストマイル』でも、世界にはびこる効率主義や経済至上主義をただひとつの正義と信じ、それによって出来上がった人々を疲弊させるシステムに対しても、異を唱えているが、それは日本においては、稀有なことなのである。しかしこうしたシーンを見るたびに、少しは日本にも変わる可能性があるのかもと思える。

このドラマで重要なのは、沖縄で起きた事件が、それ以外の地域のメディアでは報じられることがとても少なく、どんどん沖縄が向き合っている問題に無関心になってしまっているということを気付かせてくれることである。そして、沖縄の中にも様々な意見があり、知ったかぶりして勝手に白黒つけたり、わかったようなことを言ったりすることも無責任であると意識させられる。重要なのは、無関心でいないことであり、それをこのドラマは訴えていたのである。

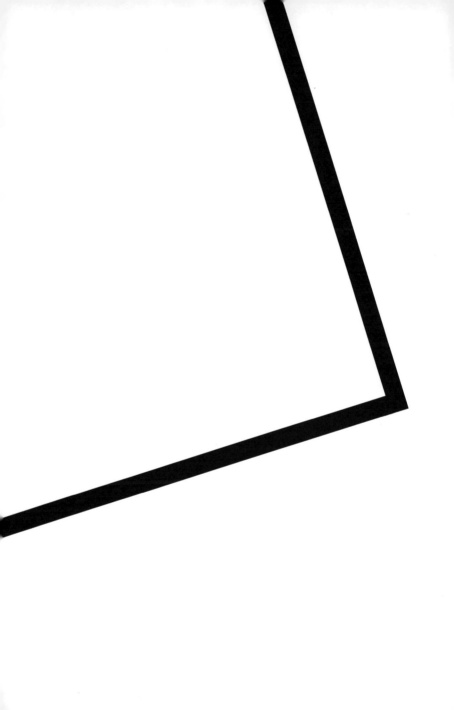

たたみゆく暮らし

団地で作られる関係性に癒されつつ、ふと「寂しさ」もよぎる

『団地のふたり』

自分には自転車で十分くらいのところに、仲の良い同業の友人が何人かいて、LINEのグループで連絡しあってふらっと集まっておいしいものを食べにいったり、最寄り駅で少人数でお茶をしたり、家に余っている食材を持ち寄って、なんでもない夕飯を作って一緒に食べて、その後にTVerやYouTubeでドラマや動画を見て、お互いに負担にならないくらいの時間に帰ったりということをしている。

ゆるく繋がっているその友人たちとは、昔から仲は良かったが、コロナ禍に入ったくらいからは、気張って遊ぶ約束をするというよりも、そこまで特別なことがなくともなんとなく頻繁に集まるようになった。これは、どういう心境の変化なのかと考えていた。

二〇二四年にNHK BSプレミアムなどでスタートした『団地のふたり』の主人公のノエチ（小泉今日子）となっちゃん（小林聡美）もまた、同じ団地に暮らす幼馴染で、夕飯はひとり暮らしをしているなっちゃんの家でふたりで食べることが多い。そこに約束などはない。ノエチは団地につくと、なっちゃんの家に直行しているのだから。

五十代のふたりは、かつては結婚したり、パートナーがいたりした時期もあったが、紆余曲折を経て団地に帰ってきたのだった。

いいなと思ったのは、持ちつ持たれつの関係性が自然とできあがっているところだ。なっちゃんがご飯を作ると、ノエチは「食べるー！」とはしゃぎすぎるくらいはしゃぎ、おいしいと思っている気持ちを伝える。イラストレーターのなっちゃんは、仕事は減っていて稼ぎは決して良くないようだが、食事の材料代をノエチに請求している様子はない。しかし、大学で非常勤講師をしているノエチはそのあたりのことをわかっていて、ときどきはおごってあげたり、兄が青春時代に買っていたさだまさしやアリスなどの楽譜をフリマアプリに出品して少しでもお礼になるように気遣ったりもしている。

でも、お互いが負担に思うような、高額なお礼をしあったり、特別なことを無理をしてやったりしているようなことがない。

ここに暮らす人たちはユニークだ。第一話では団地に住むひとり暮らしの佐久間絢子（由紀さおり）から頼まれて、網戸を張り替えることになるノエチとなっちゃん。なんとか見様見真似で網戸を張り替えると、絢子は喜んで、お礼にピザを取り、ポチ袋を渡すのだった。

笑えるのは、網戸を張り替えたことは内密にとお願いしていたにもかかわらず、絢子は皆にノエチとなっちゃんが網戸を張り替えた話をしてしまい、その噂が独り歩きしてしまうところだ。結果、ふたりは休日のたびに「網戸の張り替え」を頼まれるようになり、張り直し終わると、必ずと言っていいほど皆、嬉々としてピザを取ろうとし、帰りにポチ袋を渡すのだった。

この団地の〝おばちゃん〟たちの気持ちが痛いほどわかる。高齢でひとり暮らしになると、ピザを取っても全部は食べきれない。高齢のご婦人たちで集まるときにピザを取っても、少しヘビーすぎる。若いふたり（と言っても五十五歳なのだが）がいるときでなければ、ピザを取るタイミングは来ないのだ。離れて暮らす家族が来れば食べられるかもしれないが、孫が来たときは、手料理をふるまいたくなってしまうのではないだろうか。

ピザは、当たり前に食べている人からすれば、なんでもない食べ物かもしれない。しかし、食べきることができない、人数が集まらない、若い人と交流がない、というような高齢のひとり暮らしの〝おばちゃん〟たちからすれば、ピザはれっきとした〝ハレの日〟の食べ物であるのだろう。ドラマではコミカルでなんでもないことのように描いていたが、そこはかとなく寂しさも感じるエピソードだ。

昭和三十年代から四十年代の高度経済成長期とベビーブームが重なって、当時は憧れの住まいであった団地も、今や老朽化し、住んでいる人も高齢化してしまっている。今、団地に焦点を当てた小説やドラマが描かれるということは、自ずと日本の成長期から現在までを振り返り、その問題点をあぶりだすことになる。

韓国では近年、団地やアパート、マンションを描くドラマや映画が増えている。住居に対する関心が高まっているのだ。しかし、その集団の住居内での「のほほん」としたコミュニティを描くというよりは、そのコミュニティと政治や権力を重ね合わせるようなシリアスな描写になっている。「のほほん」とした日常を描くことが多い日本では、『団地のふたり』のようなドラマはわりと見受けられるが、ほかのアジアにはあまりない。このドラマが中国で人気なのも、そういった理由からだろう。

日本では、二〇二二年にテレビ朝日系で放送された遊川和彦の脚本・演出の『となりのチカラ』というドラマも、舞台こそ団地ではなくマンションであったが、松本潤演じるマンションに引っ越してきた主人公が、困っている隣人を放っておけず、次第に繋がりやコミュニティが生まれていく様子が描かれていた。

こうしたテーマが選ばれるのは、都会の暮らしにコミュニティが生まれにくく、またその必要性が論じられるようになったからだろう。

『となりのチカラ』のほうは、主人公が男性ということもあり、住人の間に生まれる問題解決に奔走する様子が描かれていたが（男性が問題解決をしたがるということは性別に対する偏見ではあるが、実際にはそのような性別による偏見を自分の中に知らず知らずのうちに取り込み、問題解決に励む男性は少なからず存在するだろう)、『団地のふたり』では、問題解決には奔走しない。

とはいえ、結果的には人助けをすることにはなるのだが、ノエチとなっちゃんの態度は、一貫してめんどくさいけど、なぜか巻き込まれてしまう……という感じである。しかし、毎回、少し困った多様な登場人物が出ることで、今の社会に存在している「見えにくい」人たちに焦点を当てることに成功している。

これは朝ドラ『虎に翼』同様、個人が持つさまざまな特性の重なりに焦点を当てる交差性、つまりインターセクショナリティを描いていると言ってもいいだろう。しかも、主人公のノエチもなっちゃんも、何者でもない。むしろ、ふたりとも、一度は団地を出て新しい生活をしようとしていたのに、舞い戻ってきた人なのである。

五十五歳になっても、親世代のおばちゃんたちからは子ども扱いされ、この後も団地の中で目立つことをするわけでもないだろう。そんな人たちが主人公であるからこそ、「老いていく自分と団地と社会」というものにリアリティが感じられる。

毎回出てくる住人たちも、のほほんと笑えるエピソードを見せてくれるだけではない。日本の問題とも繋がっているのだ。

あるときは、団地で育った第二次ベビーブーム世代の親たちが、認知症になってしまう場面があるし、あるときは同性のパートナーと暮らしていた男性が、パートナーに出ていかれても、この団地でそのまま生きていく決意をする場面もある。

ドラマでは、団地の人々が夏祭りに参加したり、ボランティアで行われている習い事に集まったり、朝の太極拳をやったりと、ゆるくコミュニケーションを取りながらも、この場所を「終《つい》の棲家」にしていくのであろうことが描かれている。こんな風に、ゆるく繋がりながら助け合って生きていけたらいいだろうなと素直に思えるから、キョンキョンや小林聡美演じるノエチとなっちゃんに、自己を投影してしまった人もいることだろう。私のように……。

しかも、このドラマには、配偶者に先立たれて独居の人々も多く、こうであらねばならない家族像というものが、出てこない。そこが見ていて心地良いところだ。

私が近所に住む友人と、ゆるく繋がってご飯を食べたり、テレビを見たりしてまったりと過ごしているのも、そこはかとない老後への不安が共有されているから、徐々にそのような関係性に変わってきたのかもしれない。だからこそ、我々のあいだで、『団地のふたり』は大人気で、お互いの家で一緒に見ることもあるし、見ていてほっこりした気分になっている。

つつましくも自分たちの老後を少しでもよくしようと、心地よい共生の形を模索している姿を見るのは、励みにもなる。しかし、こうやって文章を書いているとやっぱり心配になってくるのだ。今は、個人レベルで模索できているが、これからこの国では、個人の努力ではどうしても解決できないことが増えていく可能性もあることも考えるのである。

このドラマは後半、迫りくる「死」を感じさせる場面が多くなってくる。団地は建て替えの計画が進み、そこに未来は感じられるが、長年住んできた者たちにとっては、どこか気持ちが落ち着かない。

そんな影響もあってか、佐久間のおばちゃんは、息子夫婦の元で暮らすことを選ぶし、団地のおじさんたちにモテモテであった福田陽子（名取裕子）は国際ロマンス詐欺か？

と思われるような展開で、アメリカで暮らすことを決意して団地を出る（佐久間のおばちゃんも、福田さんもすぐに戻ってくるのが笑えるが）。ノエチの母親の節子（丘みつ子）は軽い脳梗塞で倒れてしまうし、いつも団地のクレーマーだった東山（ベンガル）は熱中症で家で倒れていて救急搬送されてしまう。団地が老朽化とともに、そこに住む人の高齢化が進んでいることをうかがわせる。

結局、団地の建て替えは決まったものの、デベロッパーが「売れる可能性が低い」と判断して撤退、団地もコミュニティもそのままで「めでたしめでたし……」となってドラマは終わる。

しかし昨今は、建物も老朽化し、同時にそこに住む人も高齢化して、建て替えが難しくなっている団地の話をよくニュースやドキュメンタリーで見かけるようになった。こうした住宅事情のこれからについて考えると、楽観視できない現実が待っているようにも思う。

ずっと死ぬまで同じところで暮らせて幸せだなとか、自分たちは友人とゆるやかに連帯して老後をなんとか暮らしていけたら……と思える話は、私にとっても身近で、そうでありたいと思うことだ。だからこそ、このドラマに共感する。『団地のふたり』を見ていると、自分もこんな風に支えあって生きていこうと励まされる。けれども、現実の変化のスピードが速すぎて、自分たちの気の持ちようや頑張りだけで本当に平温に生きていけるのだろうかと心配にもなってしまう。

『団地のふたり』は、集合住宅の中で、コミュニティを維持して「のほほん」と生きていく話で、そんな部分に私も癒されているというのに（中国での人気も私と同じ理由からだろう）、時代とリンクしているために、ふとした瞬間に社会問題を意識させるドラマでもあるのだ。

「ヘル」な世の中を行く抜くための
「のほほん」暮らし

『阿佐ヶ谷姉妹ののほほんふたり暮らし』

『阿佐ヶ谷姉妹ののほほんふたり暮らし』は、NHKの「よるドラ」枠で放送された二〇二一年のドラマである。

脚本は、阿佐ヶ谷姉妹が所属するASH&Dコーポレーションの先輩シティボーイズのライブや、ドラマ『バイプレイヤーズ』(二〇一七年・テレビ東京)の脚本を手掛けてきたふじきみつ彦。二〇二五年後期朝ドラ『ばけばけ』の脚本を担当することも決まっている。ナレーションは、シティボーイズのきたろうが手掛けるなど、阿佐ヶ谷姉妹の何気ない魅力を〝わかっている〟と思われるスタッフが多数参加している。ceroの高城晶平が作詞作曲し、王舟が編曲を担当している挿入歌が、普段の阿佐ヶ谷姉妹のイメージとは違い、しっとりした大人の雰囲気があっていいのだ。

原作は、阿佐ヶ谷姉妹のふたりが書いていた同名のエッセイ。実は私も、文庫版ができるときに、巻末のインタビューで阿佐ヶ谷姉妹のふたりに新たな日常生活について聞かせてもらった。

そのときの担当編集さんからのリクエストは、特にメッセージ性などが前面に出なくていいので、ふたりの独特の空気感が漂う感じにしてほしいということや、その頃、ちょうど日本テレビ系の女性芸人のお笑いコンテスト『THE W』で阿佐ヶ谷姉妹のふたりが優勝したので、それによって変わったところ、同時に変わらないところも聞いてほしいということだった。

近年の私のインタビューに求められることに「メッセージ性のあることを聞いてほしい」といったものが多い。だから、このようなリクエストは珍しいことだ。しかし、日常を淡々と伝えることの重要性もあると感じるし、メッセージ性がないように見える記事であっても、実はそこに秘められたメッセージが存在することもある。このドラマも、そんなことを意識させる物語になっている。

阿佐ヶ谷で暮らす芸人の阿佐ヶ谷姉妹。彼女たちは近所に住む人たちから、こんなに似ているんだから、ユニットを組めば？　と言われてふたりで芸人をするようになった。そのうち妹の美穂は、少し遠い自分の家に帰るのが面倒になり、姉の江里子の家に入り浸るように。同居を望む江里子に請われ、ふたりでの生活が始まるのである。

日本で疑似姉妹というと叶姉妹の存在がある。彼女たちは、ファッション雑誌『25ans』にスーパー読者として登場したことをきっかけに話題となり、今に至る。最初はその華やかさが取り上げられていたが、今となっては、傍若無人な姉の恭子さんに対し、彼女に多少振り回されながらも、献身的にケアをし、しかもそれが決して嫌ではなさそうな美香さんという関係性を好ましく思っている女性ファンも多いと聞く。

ちなみに、日本でもヤクザ映画などで、赤の他人がその人となりなどに惚れて義兄弟の盃を交わすなどということはあるが、中華圏や韓国などでも、義兄弟を扱う物語は多い。しかし、女性同士の場合には、自身の血の入った盃をお互いに飲む、というようなしきたりをもってちぎりを交わす、などというものは見たことはない。

フィクションの中での任侠ものの疑似姉妹の物語は見たことはないのに、こうやって日本ではリアルの世界で、ビジネスが当初の目的としながら、一時的ではなく、もしかしたら生涯にわたって続くかもしれない疑似姉妹として活動している女性たちがいるというのは、面白いことではないだろうか。

阿佐ヶ谷姉妹は、ドラマの中で（もちろん現実であったことなのだが）、どうでもいいような些細な諍いを繰り返す。美穂は、江里子と、仕事だけでなく家でまで顔をあわせないといけないことに不満を持ち、仕事場から家に帰るときに、江里子を「まく」ようになるし、江里子は江里子で、美穂が勝手にものを片付けていると、それが地雷となって、怒鳴りちらすことも。しかし、そうやってケンカやすれ違いをするたび、お互いにちょっと寂しく感じたりもするのである。

叶姉妹は姉に妹が振り回されているが、阿佐ヶ谷姉妹は、猫のように自由気ままな美穂に、世話焼きで社交的な江里子が振り回される。そうかと思えば、江里子にも、忘れ物が多かったり、無駄遣いをしたりという弱点もある。

ふたりのなんでもないやりとりや、ちょっとしたすれちがいに心惹かれる。こうした描写は、本来ならば恋愛ドラマで見られることだと思うが、昨今の恋愛ドラマは、視覚に訴えるドラマティックさが重要視され、それゆえに形骸的なすれ違いばかりが描かれ、そのことで、なんでもないやりとりやちょっとしたすれちがいが、あまり描かれないようになってしまったと感じる。

そのうち、ふたりは手狭になったアパートを引っ越そうと決意するのだが、奇跡的に隣の部屋があいたことで、今度は同じアパートのお隣さん同士となるのだった。

ちなみに、彼女たちが実際に憧れているのは、リアル姉妹ユニットの安田祥子、由紀さおりによる安田姉妹。ドラマの中でも、『夜明けのスキャット』をはじめ、さまざまな歌謡曲を歌い出し、ミュージカルのような部分もある。このようなシーンを見て思い浮かべるのはやっぱり『団地のふたり』である。

『団地のふたり』にも、由紀さおりが団地に住むおばちゃんのひとりとして出てくるし、小泉今日子演じるノエチと、小林聡美演じるなっちゃんも、すぐにふたりで歌謡曲を歌い出す。

些細なことで、ときおりお互いに不機嫌になりながらも、深刻な関係性の危機には陥らず、気付いたら仲直りをしているのも、大きなイベントがなくとも、毎日がほっこりと楽しく、なんとなく死ぬまで支え合って生きていくのだろうなと思わせるところも、『のほほんふたり暮らし』と『団地のふたり』の雰囲気は似ている。近所の人たちとのコミュニティの中で、自分たちよりも年配の人たちの病気や死などに直面して、来たるべき自分たちの行く末を思うところも共通している。

こうした物語には、明確な生き方の指南がされているわけでも、押しつけがましい教訓があるわけでもない。ともすれば、阿佐ヶ谷姉妹や、ノエチやなっちゃんの生き方を見て、結婚とか家制度とかとも違う女性同士の共生の形を見せてくれていると啓発するような持ち上げ方をする記事を見かけることもあるが（私もテーマによっては、そのようなことを強調しそうにはなる）、阿佐ヶ谷姉妹の当人たちは、そんな意識があるわけでなく、なんとなく気付いたらそうなっていただけなのだろうとも思う。

けれども、まるで自分たちと地続きのような誰かの生活や日常を見られるということは、妙にほっとした気持ちになれるし安心感が得られる。『のほほんふたり暮らし』の担当編集さんが、ふたりにインタビューする際に、「メッセージ性はなくてもいい」と言っていたのはそういうことなのだろう。無理にメッセージ性を立てなくとも、本人たちがそれをメッセージとしていなくても、生き方を見れば何かを感じることはできる。

ちなみに、『団地のふたり』でも触れたが、アジア、特に韓国の映画やドラマには、このような、中年女性ののほほんとした何も起こらない日常をつづった作品というものはほとんど見ない。中年女性の物語は増えてはきたが、主人公は刑事や政治家であったりして、使命を背負った女性ふたりの物語であることが多く、何かが起こるわけではない日常を淡々と描いたものは少ない。「何も起こらない物語」は、日本の物語の強みなのだ（と韓国の映画人が来たときによくそのようなことを聞く）。

こうした、女性同士の共生に関心が高まったとき、韓国でも『女ふたり、暮らしています。』という本が出て、私も紹介したことがあった。しかし、改めて本を読むと、『のほほんふたり暮らし』とは違った雰囲気があることに気付いた。

『女ふたり、暮らしています。』に出てくる実在のふたりは、コピーライターとファッション誌の編集者であり、ふたりとも、都会の最先端の生き方をしている。その中にフェミニズムもあり、女ふたりが暮らしていることがヒップなことで実験的な面もあり、自らが選択したものだという雰囲気を感じた。しかも、彼女たちがまだ若いこともあり、この生活が一時的なモラトリアムの過ごし方のような印象も受けたのだ。つまり、積極的に社会の変化を起こそうとしてのふたり暮らしの記録に見えたのである。

韓国には、恋愛、結婚、出産や就職やいろんなものを諦めた「N放世代」と呼ばれる人たちもいるが、このような言葉が生まれるくらいだから、その現状を憂い、変えたいという気持ちが常に根底にあるように思う。その分、成長や変化を求め、競争からなかなか降りられず、そのことで疲弊してしまうという様子もよく見る。二〇一九年の映画『パラサイト 半地下の家族』にもそのようなテーマがあっただろう。

そんな疲弊した状態があるから、近年は日本の「何も起こらない物語」に惹かれる人がいるのではないかとも思える。韓国でも、都会でバリバリ働く女性が、突然、郊外や海辺の田舎町に越して、その自然や温かい人々とのほっこりした暮らしに癒されるという〝ヒーリングドラマ〟が二〇一五年ころから見られるようになり、コロナ禍でさらに増えた。

日本の場合、（それがいいか悪いかはわからないが）「何も起こらない」物語に関しては先進国である。中年の女同士のふたり暮らしや、近所で共生することは、ヒップなことでも、積極的な選択でも、実験的なことでも、いつか終わる夏休みのようなモラトリアムでも、社会を直接的に変えようというものでもなく、気付いたらそうなっていた日常として描かれる。なんなら本人たちからすると、マジョリティの生き方ができなかった自分たちは、「おちこぼれ」的な目線で見られているとすら感じているのではないだろうか。その気持ちは独身で阿佐ヶ谷姉妹と同年代の自分自身にもある。それでも、今の暮らしが心地いいと思っていたりするのである。日本では、（これもいいことか悪いことかはわからないが）モラトリアムがいつか終わるものだとはもはや考えられていない。

個人的には、何かを変える必要性は感じているが、『のほほんふたり暮らし』のようなドラマを見ると、この先、どうなるのかわからない〝ヘル〟な日本の現状を憂いながら、でも自分たちの在り方を肯定し、確実に生きていこうといううっすらとした「抵抗」を感じるのである。

コミカルな中に高齢女性の追い詰められた現実が滲む

『一橋桐子の犯罪日記』

『団地のふたり』や『阿佐ヶ谷姉妹ののほほんふたり暮らし』を見ていると思い出すのは、『一橋桐子の犯罪日記』である。

二〇二二年にNHKの土曜ドラマ枠で放送されたこのドラマは、二〇二四年十一月から、NHKのBSプレミアムで再放送された。この枠は『団地のふたり』の放送と同じ枠であり、同ドラマが終了した次の週に『一橋桐子』が放送された。

脚本は、『阿佐ヶ谷姉妹ののほほんふたり暮らし』や、二〇二五年後期の朝ドラ『ばけばけ』のふじきみつ彦。原作は原田ひ香による小説『一橋桐子（76）の犯罪日記』である。原田ひ香の小説が元になったドラマは他に、二〇二三年のフジテレビの土ドラ枠で放送された『三千円の使いかた』もある。

ドラマのテイストとしては、ふじきみつ彦の色が強く、ひょうひょうとした雰囲気が漂っている。もしこれが、韓国映画になっていたら、映像のトーンも暗く、直球のノワール映画になる可能性が高いだろう。どこか凛とした雰囲気の老女が困窮し、刑務所に入るためになんとか犯罪者になろうとする。その老女はビニールハウスで暮らしているかもしれない。韓国では、貧困からビニールハウスで暮らす人がいて社会問題になっていて、困窮した中年の女性を描いた『ビニールハウス』（二〇二四年）という映画もあるくらいなのだ。

しかし、『一橋桐子の犯罪日記』は、深刻になりすぎないコミカルさがある。

主人公の一橋桐子を演じるのは松坂慶子。若い頃の妖艶な雰囲気を封印して、どこにでもいそうなおっとりとした老人を演じている。桐子は七十六歳。これまで、友だちもなかなかできず、結婚もせずにいた人生だったが、俳句教室で知り合った宮崎知子（由紀さおり）＝トモと三年ほど同居して、初めての幸せをしみじみとかみしめていた。しかし、そのトモにも先立たれてしまう。

俳句の会の仲間から託されたトモの香典を遺族に渡しそびれて困っていたが、それも香典泥棒に盗まれてしまった。現在は、パチンコ屋でパートの仕事をするが、困窮してしまい、トモと暮らしていた家の家賃を払えるはずもなく、ボロボロのアパートに移り住むことに……。

そんなとき、刑務所の中で暮らす高齢者は、食いっぱぐれることもなく、介護までしてもらえるという話をしているのをテレビで見て、いつしか犯罪者になって刑務所に入りたいと望むようになる。こうした話は、実際にもある。

桐子はパート先のパチンコ屋に勤める久遠樹（岩田剛典）が前科持ちと知り、小説執筆のための取材と偽って、彼から犯罪の方法を聞き出すのだ。

物語が動き出すのと同時に、桐子には「出会い」がたびたび訪れ、出会った人たちに、ある意味、頼ることができている。そういう部分も、このドラマが悲惨なだけではなく、どこか明るさがある所以だろう。なんとか罪を犯して捕まろうと、万引きを試みたスーパーで出会ったのは、サーフィンの道に進みたいと考えている女子高校生の榎本雪菜（長澤樹）であった。パチンコ屋の常連で闇金屋の寺田一男（宇崎竜童）に近づくと、彼から借金のカタとして事務所の清掃の仕事を持ちかけられる。なんだかんだで、彼女の目的をバックアップしてくれる人がたくさん現れるのだ。

それ以外にも、俳句教室で一緒の三笠隆（草刈正雄）といい仲になったり、婚活のバスツアーで知り合った福森茂(長谷川初範)とカップルが成立したり、はたまた謎の女性・小池ゆかり（木村多江）にも知り合ったりと、いろんなことが動きまくっていて、まるで高齢者のラブコメである。ヨン様ブームの次のタームが来た二〇〇〇年代中盤、私がよく見ていた頃の韓国のラブコメは、冒頭でヒロインが彼氏にふられたり、仕事も失ったりとどん底の状態になるが、心機一転、新たなことに挑戦すると、新たな出会いがあったり、複数人の男性からアプローチされたりするものが多かったが、桐子もそんなラブコメのヒロインのようである。

しかし桐子の新たな挑戦は、悲しいことに、安定した老後を手に入れるために、犯罪を成功させることなのだが。

正直、老後にこれだけの変化があるのは、それだけでどこか明るい気分になれて気力が湧いてくるような気もする。しかし、そこまでの体力や気力があるのかは、実際になってみないとわからないし、これはそもそもフィクションだからこそ、こんなに目まぐるしく出来事が起こっているのだとも思う。

このほほんとしたドラマの中で、唯一、ドキッとさせられた場面がある。それは、亡くなったトモのことを、娘の奈穂美（戸田菜穂）が語るシーンである。トモは桐子から見ると、明るくて花のような存在で、つらいこととは無縁のように見えていた。しかし、実際には夫のモラハラに耐えた人生であり、夫に復讐をしようと、毎日、卵をたっぷり使ったり、脂身の多い肉を贅沢に使ったりと、高齢者の身体には良くない食事を作り続けて、夫を早死にさせたという秘密を持っていたのだった。

桐子はトモが亡くなってから、犯罪者になりたいと願うようになったが、よくよく考えると、罪には問われないにしても、トモこそが犯罪者になりうるほどに追い詰められた経験があり、それを隠して生きていた人物だったのだ。「罪」を媒介したシンクロニシティは、このドラマが一見、コミカルでのほほんとしていても、実は、高齢の女性たちが人生で感じてきた孤独や抑圧が根底にあることを思い出させた。やっぱりこの作品は、ノワール映画にもなり得る題材である。

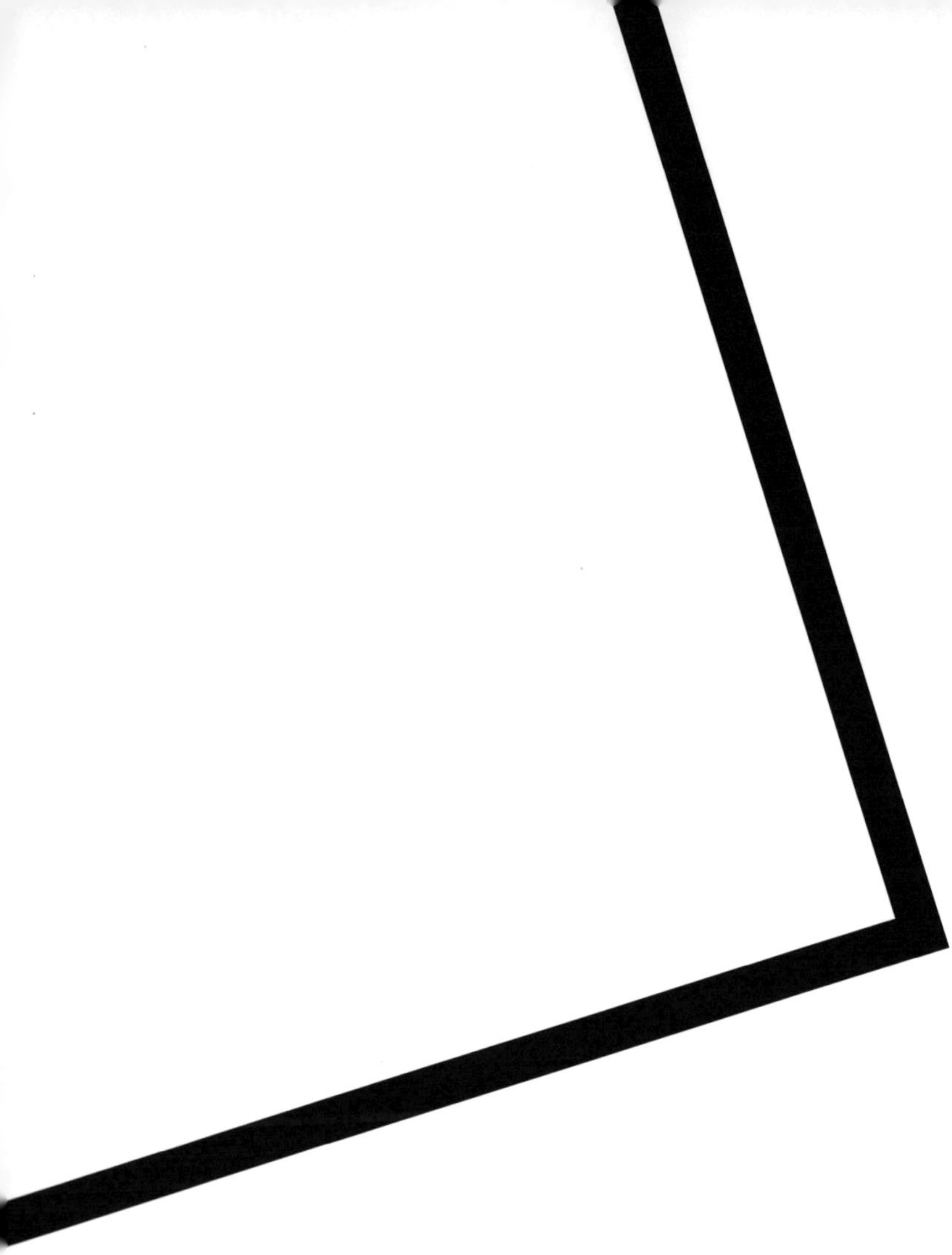

出会いと分岐点

分岐点で誰に出会うかで、その後の人生は変わるかもしれない
『MIU404』

『MIU404』は、『アンナチュラル』に続き、野木亜紀子が脚本、新井順子がプロデュース、塚原あゆ子が演出を手掛けた二〇二〇年の金曜ドラマである。この『MIU404』と『アンナチュラル』の世界観が、二〇二四年の映画『ラストマイル』に引き継がれ、大ヒットを記録した。

ちなみに『MIU404』には、『アンナチュラル』の中のUDIラボで働く所長の神倉保夫（松重豊）や臨床検査技師の坂本誠（飯尾和樹）が登場するシーンもあるため、ふたつのドラマの世界が繋がっているのだということは、その当時からなんとなくわかっていた。なぜなら両作品には、同じ俳優が別の役で出てくることがないからだ。つまり、ひとつの世界を共有しているからこそ、同じ俳優が違う役で出演していないのだ。

『ＭＩＵ４０４』は、警視庁における働き方改革の一環として増設された第四機動捜査隊を中心とした物語である。女性隊長の桔梗ゆづる（麻生久美子）は、運転手をしていた志摩一未（星野源）に四機捜に来ないかと声をかける。そしてその相棒として、破天荒だが勘が鋭くどこか憎めない伊吹藍（綾野剛）がやってくるのだった。かつては捜査一課にもいた志摩は優秀で慎重。ふたりが正反対のキャラクターであることで魅力的なバディとしてファンから長く愛されることとなった。

一話ごとのゲストも豪華だ。しかも、そのゲスト俳優たちが、事件の犯人を演じるのである。

特に第二話「切なる願い」のゲストには、朝ドラ『スカーレット』（二〇一九年）に出演し、注目度の高まっていた頃の松下洸平が登場。彼が演じる加々見崇は、職場の上司を殺害してしまい、衝動的に見知らぬ夫婦の車に乗り込み、逃走していたのだった。

しかし、彼は単にパワハラ上司が憎いだけでなく、実の父親に同じように暴力で抑えつけられた過去があり、父と似た言動をする上司のふるまいによって、怒りの「スイッチ」が入ってしまったのだった。

元々、パワハラに異を唱えるような人間で、善良さも信念もある加々見は、脅して車に乗り込んだにもかかわらず、車の持ち主の夫婦からは、恐れられながらも、なぜか息子のような親しみを持たれているところもあった（少し、ストックホルム症候群のことも考えたが、何かが伝わったのではないかと思っている）。最後まで彼を見捨てなかった夫婦と加々見のラストシーンを見ていたら、自然と涙が出た。後ろに堂々とそびえる富士山とのコントラストがたまらない。あんな正しくまっすぐな形で存在する富士山と罪を犯してしまった加々見の対比が美しく感じられ、その後の加々見の人生を思うと、残酷にも思えた。

松下のゲスト回の二話を見て気付いたのは、普段、どんなに人が良くても、正義感を持っていても、何かのきっかけで違う方向に「スイッチ」してしまうことはあるということだ。

それは、第三話の中でも明確に示される。三話のタイトルは、ずばり「分岐点」だ。

ドラマの中では、四機捜の詰める事務所のリビングのような場所で、志摩が簡易的なからくり装置を作るシーンがある。その始まりにパチンコ玉を落とすと、さまざまな分岐点を通って、最後には寝ている伊吹の手の中に落ちるのだった(伊吹は直感が鋭く反射神経がいいキャラクターなので、寝ていても咄嗟にそれを掴むことができるのである)。

志摩は、父親が警察庁刑事局長で自身も〝キャリア〟である九重世人(岡田健史=現・水上恒司)に対して、人は「何かのスイッチで道を間違える」ことがあり、「人によって障害物の数が違う」が、「誰と出会うか、出会わないか」で、「正しい道に戻れる人もいれば、取り返しがつかなくなる人もいる」と語っている。それに対し「自己責任」だという九重を伊吹はやんわりとたしなめるのだった。

三話に出てくる犯罪に手を染めた人物は、虚偽通報をする陸上部に所属する高校生の女子と、それをゲームとして楽しんでいる陸上部の男子たちである。事件の捜査を始めると、この高校の陸上部の先輩たちが過去にトローチ状のMDMA系の薬物を売っていたことがわかる。しかし、学校ぐるみでこのことを隠ぺいしようとしていたのだ。

志摩たちに確保された高校生たちは、家庭裁判所に送られることになるのだが、そのときに泣きながら深く反省していた生徒を前田旺志郎が演じていた。彼はその後『ラストマイル』で、警察官となって四機捜に配置される勝俣奏太として帰ってくる。

セリフにもあったように、人は分岐点で選択を間違えたら、犯罪に手を染めることになるかもしれない。ただ、誰と出会うかで、その後の運命は変えることができる。勝俣にとっては、このときに出会った四機捜の面々によって、道を踏み外さずに済んだということが『ラストマイル』によってわかり、今になって胸が熱くなる。

一方、『MIU404』では、分岐点で道を誤って帰ってこられなかった人たちもたくさん登場する。第四話の『ミリオンダラー・ガール』で一億円を持って逃走していた青池透子（美村里江）は、元はクラブのホステスをしていたが、裏カジノにハマり借金を重ね、風俗店と裏カジノ店で働き借金を返していた。しかし、裏カジノ店に警官が立ち入り、彼女は逮捕されてしまう。その後、まっとうな会社に勤めることになるが、一般企業と思っていたその会社はなんと暴力団のフロント企業で、手取りは十四万。そのうちに、「汚いお金」の流れ（マネー・ロンダリング）を見つける。そのお金を引き出して、最初は自分のために使おうとしたのだが、いつしか誰かのために使いたいと考えるようになっていたのだった。

手取り十四万と言えば、『燕は戻ってこない』を思い出す。このドラマの主人公のリキも同じ金額で暮らしていた。これは、自分が上京して派遣社員をしていたときの金額とも重なる。

青池は言う。「現金もらった政治家も、賄賂もらった役人も、起訴されないんだって。金持ちの世界どうなってんの」と。このセリフのような状況は、二〇二四年現在もなんら変わっていないどころか、ますます汚職をしたり裏金を使ったりする政治家の報道が見られるようになっている。

野木亜紀子のドラマはいつも現実とリンクしているようなことが起こることに驚かされるが、以前にも増して、懸命に生きる人々の生活が政治によって脅かされているような感覚がある。そんな世の中で、人々が疲弊して「腐ってしまう」ことは、身近すぎることではないだろうか。

『MIU404』の第七話では、指名手配犯となった男が、時効を待つためにトランクルームに十年もの間、身を隠していたというエピソードが登場する。犯人の所有物の週刊誌の表紙の女性の顔は、ペンでぐちゃぐちゃに塗りつぶされていて、その十年の腐った感覚が見て取れた。

この指名手配犯には相棒がいたが、相棒は身を隠す人生を終えたいと考えていた。その相棒が、こんな場所には「自由なんてない」「あのとき自首してたら、八年くらいで出られた。今頃とっくに罪を償い終わって堂々と生きられた。普通に生活ができたんだよ。俺たちはもう死んでるのとおんなじだ」ともうひとりの指名手配犯に語りかけると、彼は激昂する。

伊吹と志摩は、現場で過ごした指名手配犯たちの十年に思いを馳せる。特に伊吹は、自分が交番に飛ばされて四機捜に呼ばれるまでの十年について振り返り、「十年間誰かを恨んだり、腐ったりしないで、本っ当に良かった。俺はラッキーだったなー」とつぶやき、犯人の不幸は「十年間、ここから一歩も動かず、誰にも見つからなかったことだ」と続ける。その言葉に、伊吹の、どんな人であれ、人生を空疎なものにしないで生きてほしいという願いを感じるのだ。何かの不幸な出来事を空疎な時間へのスイッチにしないでほしいという思いが見えた。

女性に助けが必要なとき、何に頼ることが正解なのか

『本気のしるし』

『本気のしるし』(二〇一九年)は、映画監督の深田晃司が初めてコミック原作の映像化に挑んだドラマである。制作したのは名古屋テレビ、原作は、星里もちるによる同名漫画で、『ビッグコミックスペリオール』にて、二〇〇〇年三月から二〇〇二年十一月まで連載されていた。ドラマの放映後、深田自身の手によって映画版に編集され、第七十三回カンヌ国際映画祭「Official Selection 2020」に選出された。

だからと言ってはなんだが、この本で取り上げる他のドラマとは違う、ただならぬ雰囲気が漂っている。

最初のカットからして、意味深だ。主人公の文具メーカーに勤める辻一路《かずみち》(森崎ウィン)が、カブトムシのおもちゃを見ているシーンから始まるのだが、最初は何が映って

いるかわからず、次第にカブトムシのおもちゃだとわかる。

辻一路は、地上波のドラマでは描きにくいキャラクターだ。彼は、同じ会社のベテラン女性社員の細川尚子（石橋けい）とつきあいながら、若手社員の藤谷美奈子（福永朱梨）ともつきあっている。

そんな彼がある日、立ち寄ったコンビニで葉山浮世（土村芳）と出会う。雑誌売り場で売り物の地図を広げて見入っている浮世は、自分が今どこにいるのかわからない。浮世の買い物かごに自分の会社で作っているおもちゃが入っていたことに気付いた一路は、彼女と「出会って」しまう。


浮世の行動がすべてにおいて心もとない。レンタカーを運転すれば、遮断機の降りた踏切の中で立ち往生し、一路は必死で車を押して彼女を助ける。

浮世はお金も持っておらず、ファミレスでビールと食事をおごることになるのだが、トラブルはこれだけではなかった。

浮世と知り合ってしまったばっかりに、レンタカーの延長料金を払うはめになるなど、浮世と関わりたくはないのに関わってしまう一路。彼は浮世に終始、いらだっていた。

彼女は、離れて暮らす夫や、借金取りやらに追いかけられていて、一路が彼女を助けているということは、体の関係があるからではないかと疑われるのだが、一路にはその気持ちはなかったのだった。

一路が浮世を放っておけないのはなぜなのか。彼は、会社の女性社員ふたりと関係を持ってしまっていることからもわかるように、困っている人が自分を求めていたら、放っておくことができない人なのだった。

こうした人というのは実際にも存在するし、多くの映画にも描かれてきた。私が思い出したのは、一九九九年に公開された、望月六郎の『皆月』という作品であった。この中に登場する北村一輝演じるアキラというキャラクターは、困っている女性を見つけてはふわふわと漂って助けに行く、そして恋愛関係になるような人物で、ひとりがもう大丈夫という状態になると、次の困った女性の元に行ってしまうのである。公開当時、このような男性像もありなのか、と衝撃を受けていまだに覚えているのである。

しかし、アキラにしても、一路にしても、〝運命の人〟が現れたら、その人ひとりしか助けられない。一路は、会社ではふたりの女性を助けていたのに、浮世に出会ってからは、浮世だけを助けたいと思ってしまう。

この浮世という女性キャラクターが、現代においては逆に斬新に思えるほど古いタイプのキャラクターにも見える。

いつもノースリーブのワンピースを着て、誰かがいないと立っていられないようなおぼつかなさを漂わせている。そのために、彼女を助けたいと思う男性は後を絶たず、また彼女も彼らを頼らざるを得ない。

しかし、彼女が男性を頼らざるを得ないその悪循環の始まりは、やっぱり男によってもたらされたものだと後になってわかる。

浮世には夫と娘がいるのだが、その夫とは教習所で知り合い、車のセールスをしているその夫から、車を買うよう迫られ、やがてローンを返すことが難しくなると、そこにつけ込まれて、無理やり妊娠させられた過去があったのだった。

彼女の友人で、浮世と自分は似た者同士だという桑田（阿部純子）もまた、男性に苦労させられてきた女性であった。一路が浮世のことを「彼女はだらしないんですよ。隙があるからいけないんです」と言った言葉に腹を立てるのである。彼女もまた「隙」があることで押し切られて、自分を守ることができない状況を知っているからだ。

実際にも、「隙」があると思われ、男性に放っておかれない女性というのは、存在しているだろう。

映画の中でこのような女性が描かれると、わけのわからない魔性の女と言われたり、ファム・ファタール（運命の女）と呼ばれがちだ。

二〇〇〇年代などには、ヨーロッパからミニシアター系の映画がたくさん日本に紹介され、このような女性をたくさん見ることとなった。こうした作品を見てきた女性たちの中にはファム・ファタールに嫌悪感を抱きつつも、自分もそのような誰かを惑わす存在になりたいと思った人もいるかもしれない。

映画の中では、長らく、このような女性たちは、わけがわからないからこそ魅惑的で居続けられたし、魅惑的なことで男性たちを惑わし、そのことが罪とみなされ、物語から消えていくことがほとんどであった。

しかし、『本気のしるし』の浮世はいなくならなかった。

物語の中盤、一路は浮世への愛を確信し、共に暮らそうとした。しかし、かつて浮世が心中までした男性が現れてしまい、そのことをきっかけに、一路は家も仕事も何もかもを失ってしまう。

面白いのが、そのときまでは一路が困った浮世を助ける立場であったのが、一変して浮世が一路を助ける立場に反転するのである。

しかも、一路が会社の同僚ふたりの女性と比べて、浮世がより「困っているから」彼女を選んだことに重なるように、浮世もかつて心中した男よりも、より困っているから、一路を選ぼうとするのである。

現代の「ファム・ファタールもの」は、どこかでねじれていない限り、ありきたりなものになってしまう。しかし、『本気のしるし』は、誰かを救うことで生きている実感をぎりぎり得ていたような一路が、かつては危うく、ひとりでは生きていけなかった浮世によって救われるという結末に向かっていくのだ。

ありきたりな「ファム・ファタール」でしかなかった浮世が、ドラマが終わる頃には頼もしい女性に変わっていて、意外にも清々しい感覚を得た。

しかし、思うのだ。浮世はこの物語に登場したときは、自分の意志にかかわらず、周りの人と同じように日常生活を送ることができないくらいにおぼつかない女性として描かれていた。そんな彼女を助けてあげたいと思う男性がいることは、悪いことではないが、女性が男性の「好意」やそこからつながる「性欲」によってのみ救われるという物語は、やはり従来通りの「ありきたり」さがあり、救いがないようにも感じる。この世の中、浮世のような存在、助けを求めている存在がたくさんいるだろう。そんな女性たちは、男性に手を差し伸べられるだけではなく、法や制度、社会によって救われてほしいと思う。

浮世は、自分の力で立ち、ついには一路を支えられるほど強くなったことが、フィクションの結末としては頼もしく感じられたが、この世の中にいる無数の「浮世」たちが、彼女のように、自らの力で立ち、一路のような男性を助ける側にいけるのだろうか、そんなことも考えてしまった。

ルッキズムを考えると同時に、閉じた世界においての「異質性」についても考えたくなる

『宇宙を駆けるよだか』

この本で紹介したドラマはオンエア中に見たものがほとんどで、原稿を書くために新たに見たものは少ない。しかし、ひとつだけずっと気になっていたドラマがあり、このタイミングで見てみたのが『宇宙を駆けるよだか』である。

見てみたいと思ったのは、ドラマ評論家の成馬零一が、このドラマを二〇一八年の年間ベストドラマに入れていたことと、三代目 J SOUL BROTHERS の小林直己が、二〇二〇年に、Netflix のおすすめ作品として、取り上げていたことがきっかけだ。

本作は宮沢賢治の『よだかの星』をはじめとする、多くの作品の中で「醜い」ということの象徴として扱われてきた鳥「よだか」の名前を使っていることからもわかるよう

に、美醜について描かれている。つまりは、ルッキズムについて考える作品になっているのだ。

原作は、川端志季による同名漫画。『別冊マーガレット』（集英社）で二〇一四年十月号から二〇一五年十二月号まで連載され、全三巻で単行本も発売されている。ドラマ化は二〇一八年。Netflixで制作され、同年の八月に配信が始まった。


あらすじはこうだ。明るくて誰からも愛されている小日向あゆみ（清原果耶）は、かねてから好意を感じていた水本公史郎（神山智洋）から告白され、デートを前にうきうきしていた。しかし、デート当日、あゆみの目の前で、容姿に恵まれているとは言えない設定のクラスメイトの海根然子（富田望生）が、校舎の屋上から飛び降り自殺をはかり、あゆみもショックで意識を失ってしまう。

目が覚めたあゆみは、一番に海根の体を心配するも、なんとあゆみ自身が海根の体に入れ替わってしまっていたことに気付くのだった。

あゆみは（この後は身体の中身に入っている人物の名前で書き進める）彼氏の水本や、

仲の良い火賀俊平（重岡大毅）に、自分が海根の身体と入れ替わってしまったが、中身はあゆみであることを告げるも、信じてはもらえない。また、海根として暮らす中で、彼女が先生やクラスメイトから、いかにからかわれたりバカにされたりしながら生きてきたかを身をもって知るのだ。あゆみと対峙した海根が、「大変でしょ、私の身体だと」と言うシーンが突き刺さる。「ちやほやされていたあゆみにも、この身体で生きる大変さがわかったでしょ」というニュアンスだ。

あゆみと海根のキャラクターは対照的である。ドラマの冒頭から、明るい日差しの中で、家族やクラスメイトに愛され、幼馴染に告白されるなど、たくさんの人に囲まれて笑顔が絶えない生活を送っているあゆみ。対して、海根は暗い景色の中、表情も険しく、かりかりと爪を噛んでいる。ふたりの状況がまったく違っているのがわかる。

しかし、あゆみが海根の中に入ってからは状況が一変する。元の明るくて誰にでも愛されるあゆみのままで周囲と接しているうちに、海根の身体で生きていても、明るくポジティブに過ごすことができるようになっていくのだ。

対して、あゆみの中に入った海根は、暗くて人を疑う海根のまま過ごしていたため、せっかく愛されていたあゆみになりかわったのに、あまりいい変化を感じられていない。

そんな中、火賀は、あゆみと海根の中身が入れ替わったことに気付くが、外見が海根となっても、変わらぬあゆみの心に以前と同じように惹かれ、ついには告白をするに至るのである。

反対に、あゆみと海根が入れ替わっていようといなかろうと関係ない、あゆみの外見をした人間が好きなのだと、ふたりが入れ替わったことを知った後も、あゆみ（の外見）とつきあうのが水本だった。

この展開を見れば、「火賀はいい人で、水本は悪い人だ」と判断したり、「外見なんかで人の価値が決まるのではない、人は中身なのだ」とか「ルッキズムなんて気にしても仕方がないし、自分の値打ちなんて自分で決めたらいいんだから、ありのままに生きよう、そうしたら周りもきっと変わってくれるはず」という教訓を得た気持ちになってしまったりするかもしれない。果たしてそうなのだろうか。

実は海根がひねくれてしまったのには理由がある。彼女の家は母子家庭で、母親は一人娘のことをかまってあげられず、常に不機嫌で怒ってばかりだ。こんな毎日が続けば、暗い人間になり、常に世の中を恨む気持ちになるのも仕方がないだろう……そんな風に思ってしまうかもしれない。

ただ私自身は、性格の良し悪しなんてものは、相手にとって都合良く合わせているかどうかによる部分も大きいし、また、周囲の人に暗い面を見せたり、疑問を呈したり、面倒くさい議論を投げかけたりすることは、何も悪いことではないと思っている。

その上、明るくて可愛い子が育った環境は明るい家庭であると結び付けたり、反対にクラスで人気がなく、いつもクラスメイトにいじめられてしまう子は、家庭環境も悪く、性格も自然と悪くなっていく……とバックボーンで性格を決めてしまい、そしてそれが美醜にも結びついてしまうのは、間違っている。もちろん、物語として、そうした議論を呼ぶために、あえて、このようにキャラクターをわかりやすくしているという部分もあるのだと思うが。

このような点を気にかけながら見ていたら、ドラマの終盤に、海根は水本から、海根があゆみの身体を返さずに独占している限りは、好きになることはないと告げられる展開になっていた。しかも追い打ちをかけるように、海根であったときは、人の善意を拒絶しておいて、あゆみの外見になったら急に愛されたいと願うなんて虫が良すぎるだろうとまで言われてしまうのだった。

海根の気持ちを考えれば、ここまで残酷なことは言えないだろう。もしも海根が親切にされたとして、素直に喜んだだけでも、誰かにからかわれる可能性だってある。いじけた態度で下を向いてしまうような経験をたくさんしたことがあったからこそ、海根が善意を拒絶するようになってしまった可能性を水本にも想像できないものだろうか……。

一方、あゆみには、海根の身体を通して見えてきたことがあった。実の母親に会っても、現状を理解してもらえず、水本に好意を見せると、「気をもたせてしまったなら謝る」と過剰反応をされてしまう。元のあゆみであれば、たいていの男子生徒は、彼女の好意を「勘違い」と取らず、喜ばしい「告白」として受け取っただろう。また、クラスの男子たちからも「鏡見て来いよ」と言われたり「ブス」と何度も何度も言われたりしたのである。その経験をしたことで、あゆみは海根の気持ちを理解し、「そうなったら、ひとりじゃどうにもできないの。強くなんていられないし、正しい判断だってできないよ」と叫ぶのである。

しかし、海根からすれば、男子から批判されることも、あゆみから同情されることも、どこか居心地が悪いものだったのだろう。「ちょっと、私が間違ってる前提で話進めないでよ」「この顔で生まれてきても、今と同じこと言えるの？　どんな姿でもあゆみが好き？　笑わせないでよ､元がかわいいからそんなこと言えるんでしょ」と食い下がる。海根が説得される展開になるのではなく､彼女の本音と憤りの気持ちが出てきたことで、見ていて少しほっとできるものがあった。

現時点では、テレビ番組を見ていても、ルッキズムという言葉が飛び出すこともあるし、人にブスと言うのはもちろんのこと、他人の身体的なことを、たとえ褒める文脈であっても、言及するのはやめようという認識は広がったと思う。また、人と比べるのではなく、自分を愛そうというメッセージも見られるようになった。

しかし、いまだに公でないところでは、人の美醜について語る人もいるし、まったく悪気はなく、むしろ褒めの文脈で「顔が小さい」などと身体的な特徴について指摘することは、まだまだある。表向きは、ルッキズムは良くないという社会に向かいながらも、いまだに、やっぱり少しでも美しくならないと、自信が持てないという人もいるだろう。

その上、人に羨まれるような外見を持つ女性が、必ずしも元のあゆみのように、順風満帆な人生を歩み、愛情に恵まれるというわけではないだろう。人に欲望を押し付けられた結果、トラブルに巻き込まれたりするニュースも散見される。ルッキズムの競争に巻き込まれて、しばらくの間は優遇されても、年を取るとエイジズムによって梯子を外されることだってある。ルッキズムについて考え始めると、本をまるまる一冊書いても、書き切れないような複雑さがあると言えるだろう。

ＮＨＫのドラマ『大奥』の Season1 には、後に八代将軍の徳川吉宗（冨永愛）となる信が、「信は美しい男にまったく興味がないのでございます。美しい男に興味がない信がいるということは、美しい女に興味のない男もいるはずにございます。身なりや見かけを気にかけぬ、信はさような者を選べばすむ話なのではないでしょうか」と言うシーンがあることは書いた。世の中には美醜を基準にしない人もいるし、その基準すら、場所や時代によって変わるものでもあるし、絶対的なものではないということも忘れてはいけない。

このドラマを見終わってしばらくしてから気付いたことがある。結局、学生時代のいじめは、それ以外の世界を知らないということからくる「閉鎖性」によって生じるのではないかということだ。閉じた空間で行われる「いじめ」は、ルッキズムに限らず、集団の中でマジョリティがマイノリティの「異質性」を見出し、行うことがほとんどではないか。クラスの外に出れば、そこで「異質」とみなされた者が、「異質」でもなんでもない者になることはある。

以前、私は『ハマれないまま、生きてます』（二〇二四年）という本を執筆した栗田隆子さんとのトークイベントに呼ばれたことがある。栗田さんの本には、学生時代に集団に「ハマれなかった」日々がつづられているのだが、トークイベントでは「変人のまま生きていくには」というテーマで語り合った。ここで対話したことで、「異質性」、言い換えれば「特異性」があり、「変人」や「変わった人であること」は、何もおかしなことではないと思うきっかけになった。

海根だって、クラスという狭い世界の中では、ルッキズム的にも、性格的にも、ひねくれた人、変わった人とみなされていたかもしれないが、果たして本当に海根は「変わった人」であったのだろうか。彼女のような思いを抱いている人はたくさんいるはずだ。

だからこそ、ドラマには、ステレオタイプではないキャラクターがたくさん出てきてほしい。これまでは、脇役に「変わった」キャラクターが配されることも多かったが、最近は主人公だって「変わった人」であることも増えてきた。

最近、書店を見ていると、無数の日記やエッセイがあって人気と聞くが、日常を生きる人が、皆それぞれに「違った」、もっと言えば「変わった」暮らしをしているとわかれば、誰かと同じような成功を目指し、生きていかなくていいとわかる。

ドラマや文章は、こうしたことを考えさせる力があると思う。

『宙わたる教室』

誰を救えて誰を救えないのか、というテーマの「同時代性」

『宇宙を駆けるよだか』の文章の後半に私は、「世の中にある『いじめ』は、異質性を排除しようとすることから始まっているのではないか」といったようなことを書いた。

そんなことを考えていたら、NHKのドラマ10の『宙わたる教室』（二〇二四年）のことを思い出した。不思議なことに、なぜか両作品にはタイトルに「宇宙」や「宙」がついている。どうにもならない状況を解決するには、もはや宇宙にまで思いを巡らせるしかないくらいに複雑なのだろうか。

『宙わたる教室』もまた、『宇宙を駆けるよだか』と同様に学校に通う生徒たちの話である。『宇宙を駆けるよだか』と違うのは、本作が、東京にある定時制高校を舞台にしている点だ。

原作は伊与原新の同名小説で、毎回、この定時制高校に通う生徒たちに焦点を当てて物語は進んでいく。第一話の主人公は、二十歳のときに定時制高校に通い始めて一年経つが、悪い仲間から大麻の売人になることを持ち掛けられ、学校をやめそうになっている柳田岳人（小林虎之介）だ。彼は、車の免許がないためにできる仕事が限られ、思うようにいかないことがあるとすぐにトラブルになってしまい、自暴自棄になっていた。

柳田を見ていた教師の藤竹（窪田正孝）は、彼が計算などの能力には優れているのに、文章問題になると途端にできなくなることに気付いた。そんなことから、彼がディスレクシア（読字障害）ではないかと思い、本人に告げるのだった。

自分ができないのは自分のせいではなかったことを今になって知り、ますます心を閉ざしてしまう柳田だが、見方を変えれば原因がわかったのだからそこから自分の特性とうまくつきあっていく方法があるのではないかと思ってしまう。それは、そう思える環境にいるおごりだろうか。しかも、彼には、寄り添ってくれる教師もいるのだ。

私が日々の暮らしの中で「原因がわかれば向き合っていけるのではないか」という

考えができるようになったのは、ドラマの影響もあるかもしれない。本書の『MIU404』のところでも、「どんな人に出会うかで、その人の人生が決まってしまう」ということを書いたが、柳田も、藤竹という教師と出会えただけでもやり直しのスタートラインに立てているのではないだろうか。藤竹はやがて、宇宙に対する実験に関心を持つ柳田を誘って、科学部を設立するのだった。

藤竹は科学部に、次々と生徒を誘う。それぞれが、さまざまに困難な状況を持った人ばかりだ。

フィリピン人の母を持ち、幼い頃に満足に教育が受けられなかった越川アンジェラ（ガウ）や、立ち上がるときにめまいや立ち眩みが起きる起立性調節障害を抱え、保健室登校を続ける名取佳純（伊東蒼）などが科学部に入部する。

アンジェラはある日、全日制の生徒から、ペンケースを盗んだのではないかと疑いをかけられた池本マリ（山﨑七海）をかばううちに、全日制の生徒に怪我をさせてしまう……。

実際には、マリがペンケースを盗んだ事実はなかった。にもかかわらず、定時制の生徒だというだけで、何かを盗むような人間だと思われたり、外国のルーツを持っているというだけで、日々、偏見を向けられたりしていたのだった。

七十代の長嶺省造（イッセー尾形）は、柳田と犬猿の仲であった。いつも後ろの席で授業中ずっとイヤホンをしてさぼっているように見え、煙草を吸っている柳田に対して、長嶺は「今の若者は恵まれているのに不平不満だらけだ」というレッテルを貼っていたのだった。

いかにも「老害」といった言動を取る長嶺に若い生徒たちは反発。やがて授業をボイコットするようになる。それを見た藤竹は、かつて長嶺が集団就職で上京してきたときの話を他の生徒の前でしてはどうかと持ち掛ける。

教師の藤竹は、それぞれの生徒の「分岐点」でその人の進む道を少しでも良い方向に導く役割を担っている。長嶺が戦後のつらかった境遇を話すことで、若い生徒たちにも、自分とは違う境遇で生きてきた人には、自分たちとは違った生きづらさがあると理解し、長嶺と和解するのだった。

　長嶺も病気療養中の妻から、昨今は「親ガチャ」という概念があり、今の若い子たちが直面している生まれながらにして逃れられない格差というものは、自分たちの時代とは比べ物にならないほど過酷であるということを聞かされ、考えを改めるのである。

『宙わたる教室』の生徒たちの間には、全日制の学校の生徒たちにあるような「同質性」がまったくない。年齢も、日中の過ごし方も、なぜそこに通うようになったのかという理由などもまったく違っている。それだけに、最初は生徒同士の違和感も多く、諍いが絶えない。しかし、藤竹がいることで、その「違い」は、決して分断するためのものではないということを知ることができるのだ。

　長嶺の話を聞いたことで、最初は反発を覚えていた生徒たちが、皆がそれぞれに困難な状況にあるという意味では似たもの同士なのだとわかってくる。そうすると、次第に表面的な差異はどうでもよくなる。そんな空気がこのドラマには存在しているように思う。

　年齢も生きてきた境遇も、何もかも違った生徒たちが、科学実験のために、ああでもない、こうでもないと議論を重ねる様子を見ていると、それだけで胸が熱くなる。しかし、普段SNSなどで、自分とは違った意見を目にすることで、自分の意見や、ともすれば自分自身が否定されているように感じて、負の感情を持ってしまうこともあるだろう。今起こっている問題は、このことが原因になっていることが非常に多いように思う。他人と違う意見を持つこと自体は、何も悪いことではないのに……。

『宙わたる教室』では、七十代の長嶺は自身の集団就職のことだけでなく、妻が集団就職でタイル作りをしていたときに、粉塵にまみれて現在は肺を悪くしているということも話す。若い生徒たちは、その話を聞くうちに、わだかまりが消えていた。これは、藤竹の目論見通りであった。

境遇の違う人の話に興味を持って辛抱強く聞くこと、そしてその真意を理解して、自分たちは決して分断されるべきではないとすぐに理解できるという状況は理想的だ。しかし現実では、そんな状況に至るのは、なかなか難しいことなのではないかとも考えてしまった。

このドラマでは、相互に理解する難しさも描かれていた。起立性調節障害で家族との関係性にも悩み、リストカットの常習者である佳純に対し、自分と同じくリストカットをしているからという共通点で近づいてきた松谷真耶（菊地姫奈）という生徒が、佳純をどんどん悪い方向に誘い出し、さらに佳純に対して、一緒に死のうと迫ってくるようなこともあった。

これを見ていた保健室の教師・佐久間理央（木村文乃）は、佳純を救い、松谷真耶を切り捨てるような行動を取る。彼女は前の学校で、佳純のように気の弱い生徒を救えずに命を絶たれてしまった過去があったのだ。彼女は「どれだけ経験を積んでも、正解なんてまるでわからない」「自分を救おうとする人間しか、私は手助けできない」というセリフを残す。

実際問題、すべての人のことを救うことはできない。こうしたジレンマは、ドラマ『アンメット ある脳外科医の日記』（二〇二四年・関西テレビ系）の中でも描かれていた。

アンメットという言葉自体が、直訳すると「満たされない」という意味である。このドラマのあるシーンで、脳外科医の三瓶友治（若葉竜也）が、同じく脳外科医の川内ミヤビ（杉咲花）と一緒にいるとき、ろうそくの前に紙を立てて影を作り、「できた影に光を当てても、また新しい影ができて、満たされない人が生まれてしまう」と話すシーンがある。これは、誰かを救ったとしても、またすぐに救えない人ができてしまうことに悩んでいるという話である。誰かを照らせば、照らされない人が現れる。それに対してミヤビは「こうすると影が消えます」と、ある方法で影をやわらげていた。

このシーンは、第六話の最後に出てくるのだが、そのときはミヤビがどうやって光をやわらげていたのかわからなかった。しかし、最終回でもう一度同じシーンが出てきて、筒状にした薄い紙をろうそくに覆いかぶせて淡い光にしていたことがわかった。強い光を当てて影を作ることは格差のある状態を思わせる。全体を淡い光にしてしまうということは、つまりは格差を少なくするということではないかと思った。必要なのは、全体を覆って影をやわらげるような政治による施策だ。

しかし『ＭＩＵ４０４』にしても『宙わたる教室』にしても、個人の範疇ではどうしても誰かを救って誰かを救えないという問題が出てきてしまい、それが悩みとなってしまうことが描かれていた。本書の『ＭＩＵ４０４』のところでも触れたが、人生の分岐点で「誰か」に出会えなかった人は、どう救われたらいいのかという課題はどうしても残っていたように思う（それは映画『ラストマイル』に繋がっていたのかもしれない）。

私は、『宙わたる教室』の中で歌舞伎町のトー横に消えていった松谷真耶のことが気になって仕方がないのである。現実ならば、彼女に関わって、危険なことに巻き込まれる筋合いはないと考えてしまうかもしれないけれど、松谷真耶のように、トー横に消えていってしまう少女にこそ、分岐点で道を変える手助けとなる存在が必要なはずだ。ドロップアウトしそうになっていた柳田を藤竹が救ったように……。

本来は、社会が救うべきことだが、現場で救う、救わないというジレンマに直面したときの話というのが、二〇二四年の日本のドラマの大きなテーマだったのかもしれない。そこにはコロナ禍を経験したということも関係しているだろう。

しかし、偶然ではあっても、何人かの作家やプロデューサーが、解決できないかもしれない課題について、どうしたらよいかと考えるドラマを同じ時代に作ろうとしているのだとしたら……、日本のドラマにも、意義があると思えるのだ。

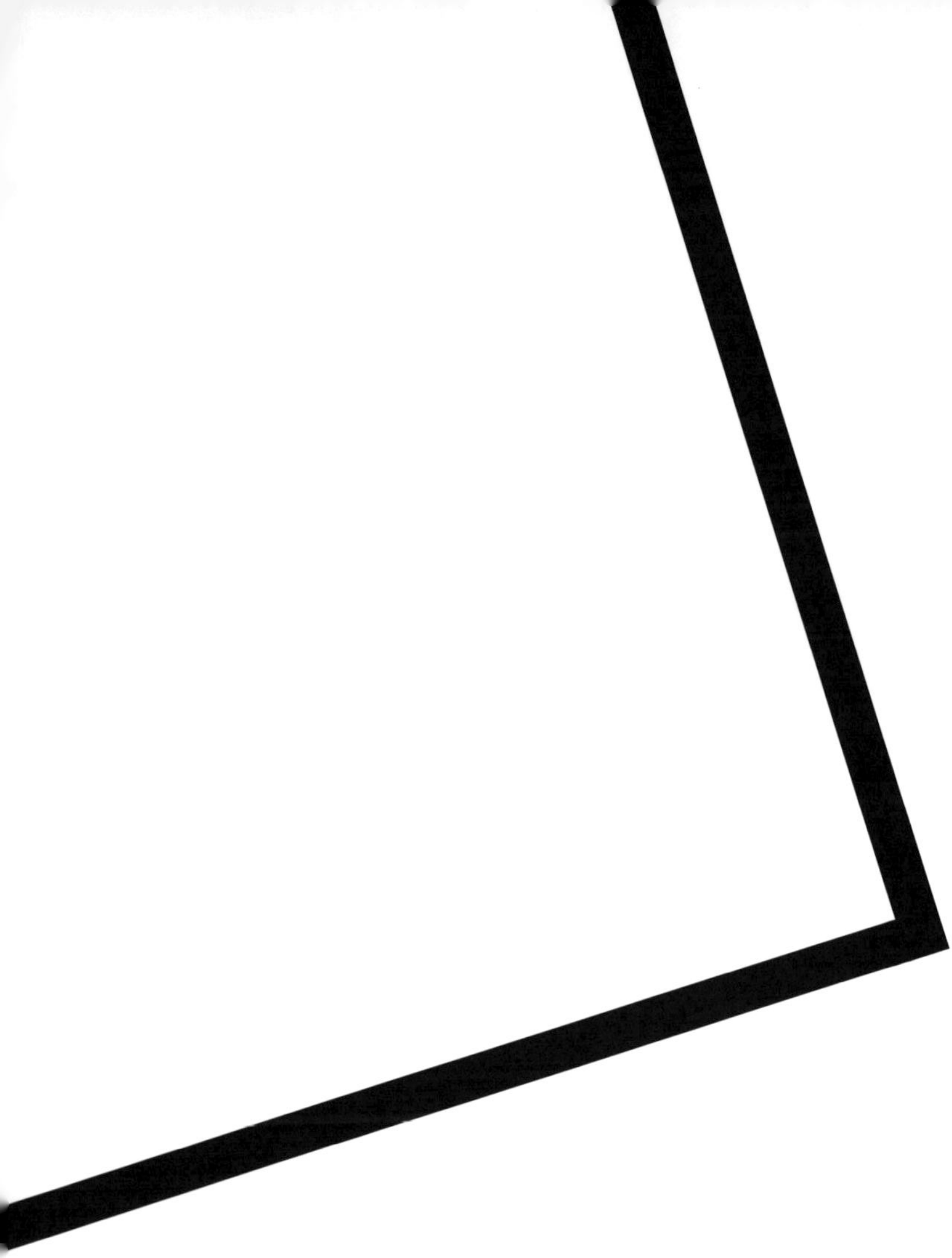

虎に翼

なかなか「はて」と声に出せない女性たちも描くこと。

日本で初めて法曹界に飛び込んだ女性を描いた朝ドラ『虎に翼』。フェミニズムが随所から感じられるために、それに反論する記事が時折話題になる様子を見て、『アナと雪の女王』や『バービー』（二〇二三年）、小説版の『82年生まれ、キム・ジヨン』などへの反応を思い出す人も多いだろう。

しかし、日本でフェミニズムをドラマや映画に盛り込んだ作品は、これまでにも少なくなかった。ということは、この『虎に翼』が、これまでよりも話題性があり、フェミニズムがより多くの人に届きやすい形で描かれているということなのだろうか。

『虎に翼』の脚本家である吉田恵里香のこれまでの作品に、『生理のおじさんとその娘』（二〇二三年）があり、タイトルの通り「生理」というものがあまりにも描かれてこなかったことに気付かされる作品であった。日常生活の中では当たり前のことだと見過ごされているけれど、実はそこにあった「はて？」という疑問が元になっているように思える。

この「はて？」というのはもちろん『虎に翼』の主人公の猪爪寅子（伊藤沙莉）がよく言うセリフである。寅子の「はて？」は、だいたいが「女性とはこうであるべきもの」とみなされていることに対しての疑問であり、現代にもまだまだ「はて？」と思うことがたくさんあるということを思い知らされる。

「こんな朝ドラ見たことがなかった」という感想も多いが、実はこれまでの朝ドラにも、「女性はこうであるべきもの」ということに対しての疑問が描かれるものは多かった。特に渡辺あやが脚本を担当した『カーネーション』（二〇一一年）は、幼いころから「だんじり祭」が大好きであったのに、女であるということで、だんじりに乗る大工方になれない主人公・糸子がミシンという武器を手に入れ、自分の道を進むという物語である。『虎に翼』の脚本家の吉田も、尊敬する脚本家に『カーネーション』の渡辺あやの名前を挙げており、また『カーネーション』で糸子を演じた尾野真千子が『虎に翼』でナレーションを担当していることに気付いた時点で、両作品の繋がりを感じた人も多いことだろう。そもそも、現代において、女性を描く朝ドラにフェミニズムが関わってこないほうが珍しくなりつつあるのではないか。

『虎に翼』のフェミニズム描写は、女性が勉学を続けること、弁護士や裁判官になることの困難から始まり、その範囲は多岐に及ぶから、無限に書きたいことがあるくらいだが、中でも寅子の兄の妻で、寅子の同級生でもある花江（森田望智）とのシーンが忘れられない。

寅子や彼女が通う明律大学女子部の面々は、学校で法廷劇を演じることになり、その準備のために寅子の家に集まっていた。そのときに顔を合わせた花江を見て、同級生たちは〝女中〟と勘違い。花江は、これに傷つき、寅子に向かって「いいんです。私なんて女中みたいなもんですから」「寅ちゃんにお嫁に来た人の気持ちなんてわからないわよ」といじけてしまうのだった。

『虎に翼』には、寅子のようにストレートに「はて？」と言えない人もたくさん出てくる。寅子の母親のはる（石田ゆり子）は、婚姻制度に疑問を感じ、「結婚がいいものだとは思えない」と言った寅子に、娘の幸せを考えるからこそ「いき遅れて、嫁の貰い手がなくなって、それがどんなにみじめか想像したことある?」「頭のいい女が、確実に幸せになるためには、頭の悪い女のふりをするしかないの」と説くが、裁判官の桂場(松山ケンイチ)から、寅子がバカにされている様子を見たときには、「そうやって女の可能性の芽を摘んで来たのはどこの誰? 男たちでしょう」と啖呵を切る。矛盾しているようではあるが、これまで「はて?」と思うことを、無理に飲み込んできたはるの思いが、桂場の言葉によって、噴き出したのだろう。

言うまでもなく、フェミニズムは男性とも肩を並べて(という言い方自体に矛盾をはらんでいるが)活躍をしている人だけのものではない。しかし、花江のような女性が「自分には何もない」「人の役に立ったり賞賛されたり、自分を誇れるものがない」と感じ、疎外感を持てば、ジェンダー不平等を感じていても、それが解消されることを信じることができず、ますます保守的な考えに固執し、生きづらい方向に行く可能性だってある。『虎に翼』の、こうした寅子のような人ではない女性の気持ちにも寄り添っているところが、好きな部分である。

実は大河ドラマの『光る君へ』（二〇二四年）でも、「自分には何もない」と考える人側に焦点を当てたシーンがある。

同ドラマの主人公・まひろ＝紫式部（吉高由里子）は、彼女の父親・為時（岸谷五朗）の妾《しょう》だったなつめ（藤倉みのり）の以前の結婚で生まれた娘であるさわ（野村麻純）と出会い、親友になる。

まひろは貴族の中では決して裕福ではない家に育ったが、それでも幼い頃から書物に触れ、読み書きができる環境があった。しかし、さわは父から「おなごは何もするな」と言われ、書物に触れることもなく育ってきた。そのため、まひろに出会って新たな世界を知るも、同時に自分のことを「もの知らずのうつけ」と言うなど、コンプレックスも感じていた。そんな彼女もまた、『虎に翼』の花江のように、「私には才気もなく、殿御をひきつけるほどの魅力もなく、家とて居場所がなく、もう死んでしまいたい」とその気持ちをまひろにぶつけるシーンがある。

ただただ懸命に生きている女性たちが、より活躍する女性を見て「私には何もない」と思い込むこともまた、女性が置かれた状況、つまり社会的な格差（ジェンダーにまつわる格差でもある）に関係している。その人たちがいないかのように物語が進むこともあるが、『光る君へ』の中では、さわのような人物の心のうちが描かれていたことが嬉しかった。

このようなことを書いているのも、私自身が、活躍する女性たちを見て、コンプレックスを感じて、「自分には何もない」と思い込んでいたときがあるからである。別に会社や社会で活躍しなくてもいいし、目に見える形で業績をあげていないからといって、自分に存在価値がないなどと思わなくてもいい。しかし、そういう考えを持っていても、派遣社員だった私は周りの正社員と比べて、自分が会社の役に立てていないように感じることもあった。派遣社員と正社員の間にある、雇用形態や賃金体系や社会保障などの違いとはまた別の面で感じるコンプレックスが存在したのを思い出してしまったのだ。

奇しくも同時期に放送していた朝ドラと大河ドラマに同様のことが描かれていることに驚き、またこれからのフェミニズム表現の可能性を感じた。道を切り開く女性を描くことだけが、フェミニズムを表現することではないのである。

自分の心を見つめることで「呪い」から放たれた男性たち

『虎に翼』は、主人公の寅子をはじめとして、彼女が明律大学女子部法科で出会う学生たちや、女学校の同級生で兄嫁の花江など、さまざまな女性たちの生き方に焦点を当ててきた。

その中には、彼女たちがかけられた「呪い」のようなものも描かれていた。

しかし、このドラマを見ていると、「呪い」にかけられているのは、なにも女性たちだけではないことがわかる。男性たちも、「自分たちはこうでなければならない」という「呪い」を自分にかけている部分が描かれているのだ。

真っ先に思い浮かぶのは、明律大学法学部本科で寅子が出会った花岡悟（岩田剛典）である。

寅子たちが初登校の日、花岡の寅子たちに向かっての第一声は「やあ、ごきげんよう！」であった。花岡は、いわゆる少女漫画の「王子様」のようなキャラクターで、寅子たちに対しても、「本当に尊敬してるんだ、あなたたちのことを」とか「あなたがたはいわば開拓者」と、スマートにレディーファーストの感覚で尊重する。花岡に対して臨戦態勢で挑んだ女子部の面々も、しばし惚《ほう》けてしまう様子がコミカルだった。

しかし、花岡にはそれとは反対の面があることも描かれる。男子学生だけで話しているときには、「女ってのは優しくするとつけあがるんだ、立場をわきまえさせないと」と、寅子たちの前で見せた紳士的な態度とは真逆の姿をのぞかせる。

寅子たち女子部の面々と男子学生たちが共にハイキングに行ったときに、さらに事件は起こる。梅子（平岩紙）の夫に愛人がいることをめぐって、寅子と花岡は口論になる。花岡は、家族を養い、社会の荒波にもまれて役目を果たしていれば、婚外で女性とつきあうほうが、結果的に家庭円満になることもあるという持論を展開。すると寅子は「私たちの学びと女遊びを同列に並べないで」と憤り、果てに花岡を間接的に崖下に突き落としてしまうのだ（「女遊び」という言葉は、男性が使うのであれば、その加害性をあぶりだしているので納得がいくが、女性キャラクターがその言葉をそのまま使うことには、少々ひっかかりがある……）。

ただ、後になって花岡が、失礼なことを言ってしまったと梅子に面と向かって謝罪をする中で、自分の気持ちを吐露するシーンがある。花岡が、ときおり女性に偏見を向けていた背景には、故郷の佐賀で立派な弁護士にならなければいけないというプレッシャーがあり、「仲間になめられたくなくて、わざと女性をぞんざいに扱ったり」「皆さんを尊敬しているのに、無駄にカッコつけたり、将来の数少ない椅子を奪われるようで、ねたましくて、恐ろしく思ってしまったり」したからであったのだ。自分の気持ちを素直に、半べそをかきながら告白する表情が子どものようで強く印象に残っている。

このシーンには、男性が「こうあらねばならない」と思っている「呪い」と、その「呪い」に気付いて弱さを吐露する、という二つの意味での葛藤があった。ここまで素直に「男らしさの呪縛」に気付いて、男性自身が言語化するドラマがあっただろうかと思えるくらいに。

このドラマで、「呪い」が解ける男性は花岡だけではない。轟太一（戸塚純貴）も解き放たれるキャラクターだ。

轟の初めての登場シーンでは、「男と女がわかりあえるはずがないだろう」とか「人類の歴史をみればわかる。男が前に立ち、国を築き、女は家庭を守るんだ」と偏見バリバリのことを女性たちに向けてまくしたてていた。女子部と男子たちが共にハイキングに行くことになったときも、轟が「女は男と違って体力がないからな」と言うと、山田よね（土居志央梨）は、それまでハイキングに行くことを渋っていたのに「行く！　お前より早く登りきる」と敵対心をむき出しにする。このようなシーンは、ふたりが良き仕事上のパートナーとなった世界を知っている今見返すと微笑ましい。

しかし、轟は寅子たち女子部の面々と接することで変わっていく。轟が「いい奴」なのが垣間見えたのは、花岡が「女ってのは優しくするとつけあがるんだ、立場をわきまえさせないと」と男子学生だけで話していたときのことだった。これまでは、女性に偏見のあった轟が、その言葉を「撤回しろ！」と何度も何度も花岡に詰め寄るのだ。

その後、花岡が、自分を突き落として入院させた寅子を法的に訴えようとするが、轟は「思ってもないことをのたまうな。ここには俺しかいない、虚勢を張ってどうする」と花岡を平手で打つ。轟は、花岡の「呪い」にいち早く気付いたのだ。花岡が内心では寅子を訴えたいとは思ってもいないのに、寅子や女性たちに対立しないと、男としてのプライドが守れないと思い込んでいることに。この言葉があったからこそ、花岡は梅子に素直に自分の気持ちを打ち明けられたのだろう。

戦後、轟は、花岡に思いを寄せていた自分の気持ちに気付き、そして後に同性のパートナーと交際することにもなる。

後半、轟が過去の自分を寅子との会話の中で振り返るシーンでは、自分の気持ちを素直に吐露していた。彼は、寅子に向かって亡き花岡に寄せていた気持ちを正面から語るのである。そうできるようになった背景には、よねの「あたしの前では強がる意味がない」という言葉があったからだった。

男性たちにかけられている「呪い」の中には、「強くあれ」とか「優秀であれ」とか「家を守れ」というものがあるが、もうひとつ「心を見つめて言語化することは〝男らしくない〟ことだから、そんなことはするな」というものもあるのかもしれない。

花岡も轟も、自分の心の声に耳を傾けて、その声を言葉にしていたシーンがあり、そこにいつも心を持っていかれた。それは彼らが「呪い」を解いたシーンだったからなのだろう。

なぜ憲法第十四条の条文を聞いただけで、泣けてしまうのか

『虎に翼』の第一話は、憲法第十四条のナレーションから始まる。ドラマがスタートしたばかりの頃は、何気なく聞いていたこの憲法の読み上げだが、話が進み第八週の終わりの予告でふたたび同じ箇所が読み上げられたときに、なぜか聞いていて涙がこみあげた。

直前のシーンが主人公の佐田寅子（伊藤沙莉）の夫・優三（仲野太賀）が出征するシーンだったことで、感傷的な空気を感じたのだろうか。憲法の読み上げでここまでの感情になるのはなぜなのだろうと自分に対して不思議に思うところもあった。

翌週の放送では、寅子の兄の直道（上川周作）が戦争で亡くなり、ほどなくして終戦が描かれる。このとき、朝ドラにはつきものの玉音放送が使われなかったことが意外だった。

そもそも、「この日に戦争は終わりました」と一方的に言われても、人によって終戦の実感を持つ瞬間は違っているだろう。玉音放送が流れるシーンを描くことが登場人物

それぞれの戦争が終わった実感を意味するものにはならないのかもしれない。
その頃の寅子は、優三の帰りを待ちながらも、家を支えようと弁護士事務所での仕事を探していた。しかし寅子は、父の直言（岡部たかし）が隠していた死亡通知書を見つけたことで、優三の死の事実を知る。父に怒りながらも、最終的には許すが、その父も栄養失調と肺炎で亡くなってしまった。優三を失った事実を受け入れられない寅子に、母親のはるはお金を渡し、「自分のためだけにお使いなさい」「優三さんの死とゆっくり向き合いなさい」と声をかけるのだった。

このドラマでは、皆「こっそり」と何かを食べている。母のはるも、寅子の兄嫁の花江も、皆悲しみを乗り越えるために「こっそり」何かを食べてきた。死の直前に、これまでの罪を告白していた父の直言も、こっそり寿司を食べたり、闇市でお酒を飲んだりしていたことを明かしていた。寅子と共に働く裁判官の桂場等一郎も、いつも焼き芋などの食べ物を仕事場にしのばせている。このドラマで、「こっそり」と食べることは、とても重要なのだ。

戦争は食べることを奪う。それは戦争が終わってからも続く。寅子と大学時代に出会い、寅子に好意を抱いていた花岡悟は、後に判事として食糧管理法違反に関する事件を取り扱うようになっていた。つまり「食べ物が闇市で流通していること」を裁いていたのだった。しかし、当時の世の中では、闇市で食料を調達しないで生きている人はいなかった。

実直な花岡は、闇市で流通している食料を一切、口にしなかったこと、つまり皆と同じように「こっそり」食べることをしなかったために栄養失調で亡くなってしまった。寅子が花岡の死の一報を聞いた後に、闇米で作ったのであろう弁当を感謝しながら食べているシーンが記憶に残る。

優三の出征の直前にも、寅子と優三はふたりで一緒に河原で「隠れて」おいしいものを食べた。そのときに優三は、「寅ちゃんができるのは、寅ちゃんの好きに生きることです。また弁護士をしてもいい。違う仕事を始めてもいい。優未のいいお母さんでいてもいい。僕の大好きな、あの何かに無我夢中になってるときの寅ちゃんの顔をして、何かを頑張ってくれること。いや、やっぱり頑張らなくてもいい、寅ちゃんが後悔せず、心から人生をやりきってくれること。それが僕の望みです」とありったけの愛情のこもった言葉を残して戦地に向かう。

優三の死後、思い出を胸に、寅子は母にもらったお金を握りしめて、ひとり町に出て焼き鳥を食べるのだが、優三と一緒でないと何を食べてもおいしく感じられない。食べかけの焼き鳥を残して去ろうとすると、お店の女性が、その焼き鳥を新聞紙に包んでおいかけてくる。きっとこの女性も、つらい思いをしたときに、「こっそり」何かを食べてきた人なのだろう。

寅子は包みを持って河原に行くが、その新聞紙に憲法第十四条の記事を見つけるのだった。十四条に書かれていることとは、「すべて国民は、法の下に平等であつて、人種、信条、性別、社会的身分又は門地により、政治的、経済的又は社会的関係において、差別されない。」というものだ。

これは、優三が生前に寅子に言っていたことと重なる。優三の言葉は、寅子に自由に自分のやりたいことを、やりたいようにやれる世の中であってほしいという願いが込められていたが、十四条では、寅子だけでなく、すべての人に向けてその願いが書かれている。

寅子は、河原で十四条を読み、優三の言っていたことと重ね合わせたことで、自分にとっての戦争を終わらせ、前に向いて歩き始めたのだ。

このドラマの中では、憲法第十四条は、優三のように優しく、温かく、そっと守ってくれている毛布のような存在に見える。

新憲法に守られていると感じているのは、寅子と明律大で共に学んだ山田よねも同じだった。いつも男性と同じようにパンツスーツを着て、男とは、女とはといった考え方にとらわれないよねは、新憲法の十四条の内容について、「ずっと、これが欲しかったんだ、私たちは。男も女も人種も家柄も貧乏人も金持ちも、上も下もなくて横並びである、それが大前提で、当たり前の世の中が」と語る。

よねは、このシーンで、同じく明律大の同窓生の轟太一が抱えていた、花岡への思いに触れる。よねのセリフでは「男も女も」とあったが、ここのシーンを見ると、今では当たり前だが、どのようなセクシャリティの人にとっても、十四条は平等である、あるべきだということが強く伝わってくるのだ。

しかし、法は万能ではない。それは花岡が、「人としての正しさと司法としての正しさがここまで乖離していくとは思いもしませんでした」と悩み、後に亡くなってしまったことからもわかる。

寅子の上司である多岐川幸四郎（滝藤賢一）は、花岡の死を、「法律を守って餓死だなんて、そんなくだらん死に方があるか。大馬鹿たれ野郎だね」と言っており、その真意は当初ははっきりとは見えず、むしろ冷たく花岡を突き放しているようにも見えた。しかし、彼が後に「人間、生きてこそだ。国や法、人間が定めたもんはあっという間にひっくり返る。ひっくり返るもんのために、死んじゃならんのだ。法律っちゅうもんはな、縛られて死ぬためにあるんじゃない。人が、幸せになるためにあるんだよ。幸せになることをあきらめた時点で矛盾が生じる。彼がどんなに立派だろうが、法を司る我々は、彼の死を非難して、怒り続けねばならん」と語るシーンがあり、彼の真意がそこで初めてあきらかになる。花岡のように真面目で実直な人間が、法の矛盾に翻弄されて、命を落とすなんてことはあってはならないという憤りだったのだろう。

私が十四条のナレーションを聞いて、なぜ泣きたくなったのかの理由がだんだん見えてきた。今でも、人が法の下に平等であるということは、実現できていないのだろうか。本来なら、どんな人のことも平等に守ってくれるはずの憲法が変えられてしまう可能性がある。そんなことが、知らず知らずのうちに頭の中によぎっていたからなのだろう。

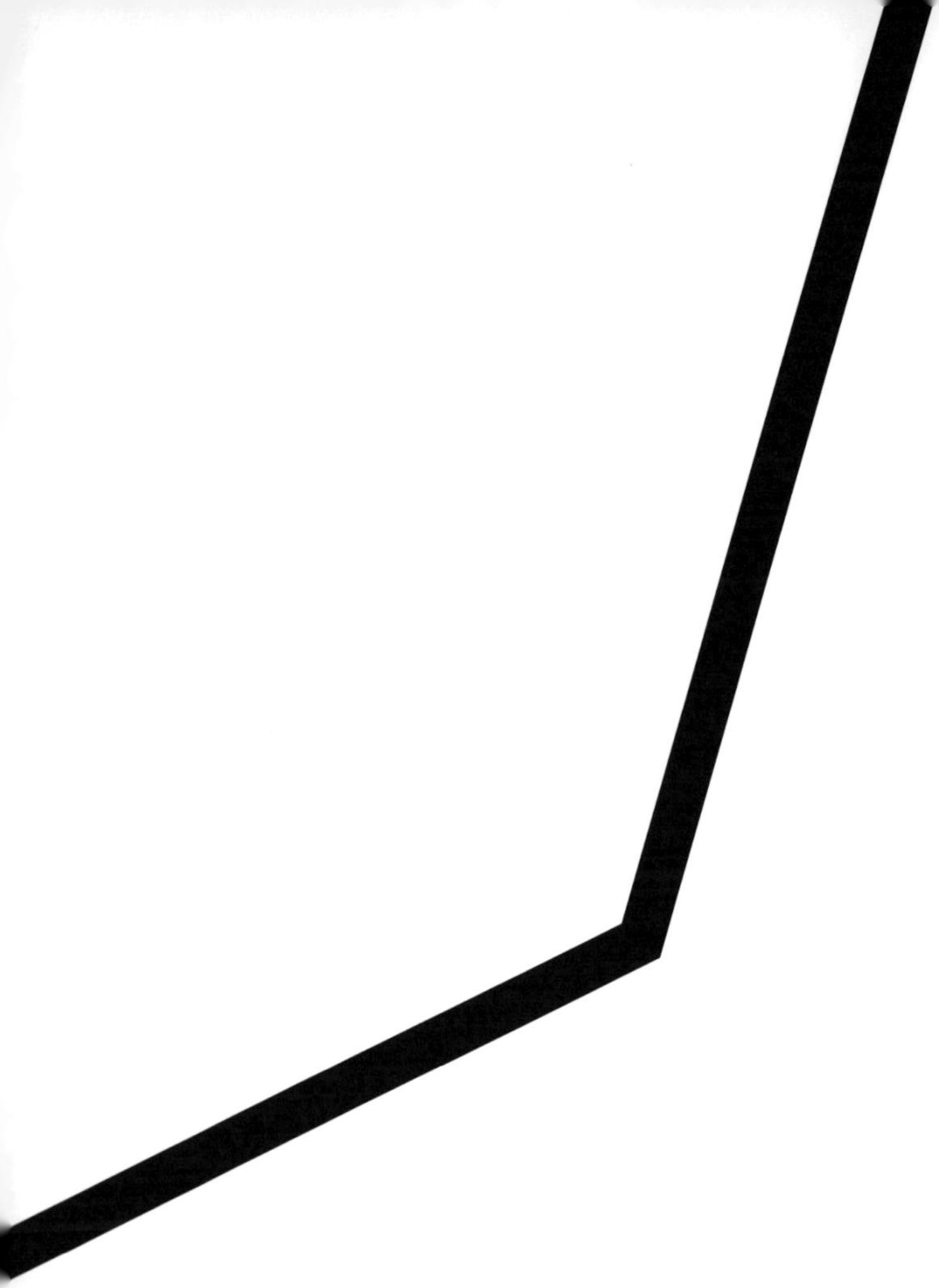

特別対談

吉田恵里香×西森路代
「あらがうドラマ」をつくる人

子どもの頃から創作を

西森　吉田さんは、大学生の頃から今の事務所に所属して書くお仕事をされていたそうですね。子どもの頃からドラマやアニメに興味があったんですか？

吉田　子どもの頃は『金田一少年の事件簿』（一九九五年）などを周りが見ているからという感じで見ていました。自分がハマっていたのはアメリカのシットコムの『フルハウス』（一九九三年）ですかね。大学の頃は、漠然と先生になるのかなと思ったりしつつ、小説を書いたり、漫画も描いてみようとしたり、お芝居をやったりもしていました。

西森　その頃、どんなテーマで書いていたんですか？

吉田　ドリカムの『サンキュ.』って曲があるじゃないですか、友人との会話の中で、あの歌詞の中にある、何も言わずにつきあってくれたのは男の子なのか女の子なのかって話になったんです。私はきっとあれは男の子なんだと思って、そこから想像して書いたことがあります。

西森 ちょっとしたところから面白い発想を得てたんですね。

『カーネーション』の衝撃

西森 今のようにドラマの作家さんを意識しながら作品を見るようになったのはいつ頃でしたか？

吉田 この仕事をしながら漠然とは見ていましたけど、森下佳子さんや岡田惠和さんの脚本が好きなんだなと気付いたのは、もっと後になってのことで、振り返ったらそうだったという感じですね。それと、震災後に渡辺あやさんの『カーネーション』を見て、すごいことを書く人がいるぞと思いました。

西森 『カーネーション』を見たときは、当時には珍しく、これはフェミニズムなのかもしれないと漠然と感じました。

吉田 あの頃って、実際にはドラマ好きは『カーネーション』を見ているし絶賛されていたけれど、今のように配信もないので『あまちゃん』（二〇一三年）みたいに普段ドラマを見ない層までは届いてなかった。当時のネットの反応も、主人公の糸子の性格や、恋人の周防さんの不倫ということで賛否もありました。当時の反響と今の反響の違いを感じます。自分も書くときに、「今」の声だけを気にしすぎないほうが良いかなと思いました。

西森　当時は私はテレビ誌などの仕事をやっていたので、周防さんを演じた綾野剛さんに取材をしたと言うと、うらやましがられることが多かったですね。取材が決まって後追いで『カーネーション』を見てしびれました。ヒロインの不倫を朝ドラで見るのも初めてのことでした。

吉田　綾野さんに対しては、私もやっぱりあのとき、「すごい人がいるな……」となりましたね。周防さんの、あの「絶妙に手を出してこない男」の感じは、今思うと「新しい色気」だったんだろうなと思います。

西森　私は、窓際で、ぼんやりした光が後ろから差して紗がかかった周防さんのショットが美しくて忘れられないんですよね。演じる人の力もあるけど、やっぱり脚本を書いた人の「この人をこういう風に見せたい」という思いや愛着が届くと、人気は生まれるんだなと強く感じました。でも私その後、ほっしゃん。(現・星田英利)が演じる北村が、周防さんを超えるぐらい気になるようになりました。

吉田　その役がぴたっとはまったときに、想定の倍の色気とかオーラみたいなものが出るんですよね。でもこちらではどうにもできないので、あれは本当に運というか。

西森　渡辺あやさんの作品を見ていると、コントロールできているんじゃないかと感じることもあります。例えば岡部たかしさんに関しても、以前「城山羊の会」関連で取材したこともあって、いろいろ見てはいたんですけど、『エルピス―希望、あるいは災い―』でやっぱり大多数の方の印象に残ったというのも、もちろん本人の演技によるところも大きいけれど、脚本によるところも大きいなと。人が人に惹かれるのって、物語の中でも現実でも、すごく一辺倒な型があると思いがちで、そこに疑問があったんですね。だから、誰にでもその人にしかない魅力が宿ってるんだって思える部分が、渡辺あやさんの作品の好きなところなんです。良くないとされるような行動をしている人ですら、絶妙に可愛げがある人に見えるんですよね。

吉田　渡辺あやさんの作品は、『今ここにある危機とぼくの好感度について』（二〇二一年）の松坂桃李さんにしても、『エルピス』にしてもそうですけど、全ての人がまっすぐ進めるわけではないからこそ、いろんな人の両面を描いているところが良かったなと思います。岡部さんと言えば、ＡｂｅｍａＴＶの『ブラックシンデレラ』（二〇二一年）で主人公のお父さんの役をやってもらって「素敵な役者さん！」と思っていたんです。その後『エルピス』で話題になったときに「ですよねー」って（笑）。

西森　その後、岡部さんは『虎に翼』でヒロインのお父さん役をされることになったわけですが、誰にどの役をやってほしいといったことは、書くときにどのくらい考えていましたか？

吉田　初期メンバーに関しては希望を言って、わりと叶えられたかな。途中から登場する人はやっぱり並行撮影だし、スケジュールの調整もあるんですけど、前半は当て書きではないけど、その人を思い浮かべながら書くということはできていましたね。

避けて通れない「交差性」

西森　社会的なことをどう描くかということについては、どのように意識してこれまで書いてこられましたか？

吉田　どこまでが「社会的」なのかは難しいですけど、「何となく省かれているもの」を意識的に入れようとはしていましたね。それが良いほうに働くときもあるし、省かれちゃうときもあったけど、どんな作品でもこの数年のは特に入れ込もうとしてるんじゃないかな。『君の花になる』（二〇二二年）でも、シスジェンダーでヘテロセクシュアルの人ばかり出てきてしまうのはどうかなと思ったりしたので、そこは意識しましたね。

西森　私も『君の花になる』を見ていて、吉田さんが書いているからこその描写だなと気付きました。最近のドラマで良いなと思うものは「交差性」の話をちゃんとしているんですよね。私がそれを意識したのは、在日コリアンのことを描いた『PACHINKO パチンコ』（二〇二二年）というドラマを見たのがきっかけですが、『虎に翼』でも感じました。最近だと、定時制高校に通ういろんな人々の姿を描いた『宙わたる教室』にも感じました。

吉田　もう今ドラマを作るときに、そこは避けて通れないと思いますね。ただ、逆のほうに行く作品もあって、例えば、炎上するような表現がされていたときは、その表現を提案した人の立場が上で、周りが何も言えなかったから、そうなってしまったのかな、と思うこともあります。書いていると、スパイス的に強い展開を入れたくなるという気持ちはすごくわかるんです。でも、最近はもっと根源の「他者を傷つけない」とか「理解できなくても他者を受け入れる」みたいなところから始めないと、結局は浸透しないように思っていて、もっと本質的な部分をやらなきゃいけないかなと私個人では思っています。

西森　いきなり複雑なことをするよりも、伝わることを考えると、シンプルなところに立ち返るということですかね。そういえば、以前吉田さんが、「いつまでみんなと同じ感覚を持っていられるかわからない」とどこかで仰ってて、自分もその変化に気付かなかったら、本当に怖いことになるなと思ったんですよね。

吉田　最近は明確に経済の格差とかもありますよね。「これを見逃してもここで配信していますよ」と言いそうになるけど、「録画機器がないからリアタイしかない」とか「テレビがないからTVerで見るしかない」と言われてるとドキッとすることがあります。

西森　それ、私もちょうど経験したんです。ここの有料配信サービスで見られますよ、と何も考えずに言ってしまって。

吉田　自分は全然利用していない配信サービスを契約したままずっと置いておける経済状況ではあるけど、そういう目線だけになってはいけないなと。この四、五年ぐらいは特に、理想の世の中を描くのが私の作風になったと思うので、そんな人があまりにも当事者意識がないと、見ているほうは冷めるだろうなとはちょっと感じています。

西森 かと言って、偉くなったり経済状況が良くなっているのに、そのことを自覚せずに隠すというのもいけないですよね。韓国のドラマで『錐』（二〇一五年）という、スーパーの女性のパートタイム労働に関する問題を扱った作品があるんですけど、労働問題に取り組もうとする若い男性社員に対して、労働組合のベテランの男性が、もしも君が偉くなったり稼いだりして別の景色が見えたとき、同じようにこの問題に取り組めるのか？　と尋ねるシーンがあって、見える景色が変わったときが重要なんだと思うようになりました。

吉田 悩みますよね。自分の作風だと特に、扱うテーマについては賛同できるけど、私の描き方とか取り上げ方はちょっと……という人もいて、賛否、両方から意見を言われるんですよね。私は今のところ健康で気が強いから「わかったよ。次に活かすよ」と思えるけど、作家さんによっては意見されるのがしんどいからどんどん作品が保守的な話になっちゃうというケースもあると思います。今までいろいろ意見を言っていた人たちは、そもそも保守的な作品には期待していないから、そちらに行ったらもう何も言わないんですよね。つまり、いろいろ言われるということは、近いところにいるということだと思うので、ポジティブに捉えてるんですけど。

西森 ありますね。あまりにも差別的な人のことは、遠い存在だし言っても通じないと思って諦めてしまうこともあります。話が通じる人だと思っているからこそ、意見が来るんですよね。

軽視されがちなラブコメだけど……

吉田 私はエンタメにおいてはなるべく間口を広くしてやりたいという思いがあるんですけど、私はラブコメから入った人なので、ラブとコメディがすごく軽視されているのを感じます。ラブコメを何本書いても如実にギャラが上がらなくて、賞を獲るか真面目なものを作るしかないと言われたりして、そこに疑問がありました。

西森 確かにラブコメに対する軽視はあって、しかもその軽視の方向性は両方からなんですよね。プロデューサー側が、安易にラブコメディさえ作れば視聴者が喜ぶだろうと思って、無理やり女性スタッフに作らせることもあれば、女性が好きなラブコメディは、会社や政治のことを書いた作品よりも劣ると制作側から思われていたり、女性のスタッフには政治的な作品は無理だと考え、作らせてもらえなかったり。私は、それに抗ったのが大河という男性主人公が主流の枠で、戦でもなく、ホモソーシャルな政治をヒロイックに描くのでもなく、そこに恋愛の要素を存分に描いていた『光る君へ』なのかなと思ったりしています。

吉田　社会情勢が悪すぎるからしょうがないんですけど、最近のアカデミー賞って、硬い作品ばかりが受賞するじゃないですか。それは社会的には意味があるけど、エンタメにとってはどうなのかなと思うんですよね。そういう意味で『エブエブ（エブリシング・エブリウェア・オール・アット・ワンス）』（二〇二三年）が獲ってくれたのがすごく嬉しかったけど。

西森　『エブエブ』には共感するところが多いって以前、言われてましたもんね。

吉田　実際は受賞作品に好きな作品も多いんですけど、もっといろんなものが選ばれると良いですよね。それこそ昔のラインナップだと『恋愛小説家』（一九九八年）とかコメディが獲っていたりするのに。

西森　いつしか硬い作品しか獲れない、みたいになってきていてね。

吉田　それだけ社会がヤバいってことなんだと思うんですけど。

西森　『虎に翼』では、どこらへんで間口を広げる意識をしたんですか？

吉田　深刻になりすぎないというか、ちょっと力を抜くシーンもありつつ。前半は、差別や偏見を描くにしても、なるべく多くの人が共感しやすいエピソードを扱っています。

西森　男子学生たちの女子部への接し方なんかがわかりやすいところですかね。

吉田　後半でも意識してはいるんですけど、どんどんわかりにくい問題や、今の人から見てわがままに感じること、「私は平気だけど」みたいな言葉でごまかされてしまうことなんかが多くなっていったので、そこまで進む前に、なるべくキャラクターを好きになってもらっておこうというのはすごく意識しました。後半はどんどん複雑で答えの出にくい議題が増えて視聴者が離れる可能性があるので、そこも見てもらえるように、前半はとにかく間口を広げるということを意識しましたね。

プロデューサーに求めること

西森　プロデューサーと脚本家はとにかく話し合うって聞きますけど、実際どうですか？

吉田　私はかなり話をしますけど、ある程度ほっといてくれる、自分を信じてくれる人のほうがうまくいくのではないかと思うようになりました。NHKの尾崎（裕和）さんは、私が「賛否分かれると思うけど、こういうことをやりたいんだ」と悩んでいると、「やりたいならやってみよう」と言ってくれて、絶対否定しないんですよ。否定しないで書かせた上で、もう一回ブラッシュアップするっていうやり方はすごく自分に合っていました。AbemaTVの池田（克彦）さんは、監修で入った『1ページの恋』（二〇一九年）で最初に一緒に仕事をして、『フォローされたら終わり』（二〇一九年）『ブラックシンデレラ』と3作一緒にやった人なんですけど、池田さんは、「言うことを聞かないで」「顔色を見ないで」って私に言うんです。最終的に、私の良いところは、池田さんの顔色を見ないところだと言われました（笑）。

西森　それくらいプロデューサーと脚本家の立場って本来は上下関係ができちゃう可能性のあるものなんですね。

吉田　上下ができちゃったらきついんじゃないですかね。放任なら放任で、うまくいかなければ私の責任になりますし。上がった脚本を見て「面白かったです」って言ってくれると、「この人は私のことを信じてくれたな」と思います。私は原稿に他人が手を入れるのが本当に嫌なので、データに修正案を書かれるのも苦手なのですが、意見はたくさんもらいたい。バチバチやり合うタイプの人の場合も、それはブラッシュアップだから良いんです。いちばん嫌なのは守ってくれない人ですね。作品ファーストで作家を守ってくれる前提がないと、放任とバチバチのどっちに転んでも失敗すると思います。コミュニケーションが難しいというか人によって変わりますが、基本的にべったりにはならなくても良いけど、リスペクトがある人が良いなと思っていますね。

西森　私も編集さんに原稿を送っても、何も反応がないことがあるから、感想をくれるだけでも嬉しいんですよね。

吉田　「面白かったです」とか「ここ泣けました」みたいなのをひとつ送ってくれるだけで違いますよね。私はもう、言ってくれない人にはすぐ聞いちゃいます。「どうでした、面白かったですか？」って。聞くと「欲しがりなんだな」ってわかってもらえるから、送ってくれるようになります（笑）。

西森 自分の書けるポテンシャルみたいなものがどうなるかは、一緒に組む相手によって全然違ってきそうですね。

吉田 違いますね。自分がその場面の大切さを力説した部分でも、あっさりカットされていたりするとやっぱり心が折れますよ。

西森 『虎に翼』は、力説したい部分がもう本当にいっぱいありましたよね。

吉田 はい。カットされたりするときに一応繋がりがわからなくなるので、完パケ前のナレーション入れる前の映像見せてもらってたんですけど、「ここはこうだ」「私はこう思っている」みたいなことは全部言いました。尾崎さんがどこまでみんなに伝えたかわからないけど、一応全部受け止めた上で「これは考えすぎだと思う」ということも返してくれたので、すごく感謝しています。人によっては映像を見ない方もいると思うんですけど、私は見るほうでしたね。

西森 良い議論ができる場があるっていうのは良いことですね。

吉田　執筆中、良い議論ができてないかもと疑心暗鬼になりふてくされてたときも正直あったんです。でも、ある日、別の現場の話を聞いて「私はなんて恵まれた環境で書いていたんだろう！」と（笑）。尾崎さんと演出の梛川（善郎）さんに対して、改めてすごくありがたいなと思いました。

西森　どんなところで感謝したんですか？

吉田　結構大事な伏線が、大幅カットされて、それによって伏線のラストのセリフの意味がわからなくなっちゃう、というようなことがあると聞いて、私の場合はそんなことがなかったので。

西森　それって見た人には、全部脚本家の責任だと思われそうな部分ですね。

吉田　そうなんです。「唐突にこんなこと言ってる」みたいに言われちゃいますね。その話は朝ドラを始める前のタイミングで聞いたので『虎に翼』では気を付けました。「どこが削られても、ちゃんと繋がるようにしなきゃ」と。ふたつ伝えたいテーマがあったとしたら、その話をいろんなとこに織り交ぜて、どれかが削られてもなんとなく伏線になるように、すごく意識して作ってました。ひとつだけにしちゃうと、恐れていることが絶対起きるなと思ったので。

西森 視聴者として見てるだけでは想像もしていないようなことがあるんですね。

吉田 一時間の尺でさえもやっぱり構成とか編集で変わるから、十五分であればもう絶対並び替えがあるのは仕方がないと思います。そんな風に先々が読めるほどの完璧な作家さんっていないんじゃないかな。宮藤（官九郎）さんの『あまちゃん』のシナリオ本を読んでも「こんなにカットされてるの!?」と驚きましたし。そういう意味でも、シナリオ本を発売できてすごく良かったです。本で残っていると本当に知りたい人はそれを読んでくれるから。

脚本家の地位向上を目指して

吉田 変えられちゃうということに関して言うと、私は原作ものの原作者さんの気持ちもすごくわかります。だからこそ、やっぱり「面白くしなきゃいけない」というプレッシャーはすごくありますね。

西森 原作者にも脚本家にも、守らないといけない職業意識がそれぞれにありますもんね。原作の解釈も、映画は良くてドラマはダメみたいなところもありますし。

吉田 ありますす。自分も小説を書くし、それこそオリジナルの部分が変えられるしんどさもわかるから。みんなが思っているほど、脚本家は楽な仕事じゃないというか、やっぱり結構地位が低いと感じていて……。だからなるべく取材を受けようと思うんです。夢があるように見えるじゃないですか。

西森 受けていると実際、地位向上にもなるだろうし。

吉田 脚本家が、みんなから出た意見をまとめる役だけになってしまうのはどうかと思うし。子どもがYouTuberに憧れるのは、楽しくて、夢があるからですよね。

西森 自由度も高いし。

吉田 脚本家がちゃんと日の目を見るようになって欲しいなという気持ちがあって、わりと発言を頑張ろうと思うけど、それはあまり歓迎されない雰囲気もあります。でも、発言していかないと、後の人のためにならないし、搾取されることにも繋がりますから。だけど悲しいかな、そのことに気付くためには失敗をしないと、その境地に行かれないことが多いですね。

怒られながらでもやったほうが良い

西森　それにしても、ドラマのテーマで言うと、吉田さんはいろんなところで、自分の企画を自由度高くできるというところにはまだ至っていないと言われていて、現時点で吉田さんがそうでないのだとしたら、誰がそれを実現できるんだろうとびっくりしたんです。

吉田　そうですね。やっと少し開けたと思う一方、これまで自分の好きな作家さんが自由にやってると思っていたものも、実は縛られた中で作られていたのかもしれないなと思うこともあります。同時に、見た方に意見を言ってもらえないと、作家さん自身がしんどくなるのかなとも思うんです。最近はドラマに関しては制約があったほうが良いのかなとも思います。ハリウッドだと、出演者の人種にも多様性が求められ、同様に性的マイノリティについても当事者の出演が求められたりしていますよね。

西森　それで言うと、イギリスのＢＢＣで「出演者・スタッフの○%にマイノリティを起用する」というルールがありますが、ＮＨＫの『パーセント』（二〇二四年）

というドラマは、そのことを作品に取り入れてましたよね。

吉田　『パーセント』もよかったですよね。『恋せぬふたり』と同じ押田友太さんが企画と演出をしているんですよ。

西森　『恋せぬふたり』は『チェリまほ（30歳まで童貞だと魔法使いになれるらしい）』（二〇二〇年）がきっかけで作られることになったそうですね。

吉田　そうです。企画・演出の押田さんが見ていてご連絡くれました。そのときはまだアロマンティック・アセクシュアルの主人公にするという事しか決まっていなかったので、そこを「いちから作ろう」となりました。

西森　視聴者は、ドラマが好きな人ほど日本のドラマを信頼していないじゃないですか。だからどうしても今までの長い歴史を思い浮かべながら見てしまって……。『恋せぬふたり』のときも「最後、このふたりは結局、恋するんじゃないのか？」とずっと疑いながら見ている人が多かったですよね。

吉田　そうそう。

西森　そうなる可能性は、今も枠組みとしてはまだたくさんあるわけですけどね。『若草物語―恋する姉妹と恋せぬ私―』に対しても、やっぱり「恋する終わりじゃないでしょうね？」と疑う気持ちで見てしまいましたが、最後はそうならなくてほっとしました。

吉田　私もジャンルとして読んだり見たりするのは好きだけど、「偽装結婚もの」ってめちゃくちゃ多くて、もう「パッケージ」されちゃってるから、『恋せぬふたり』はそのパッケージを見慣れてる人からするとそういう風に見られることはあると思います。しかも恋愛というものが人間関係の基本と思って見ている人には主役が男女でないとピンと来ないんですよね。それがアンテナを張っている人から見るとすごく嫌だろうなというのも、またわかるんですよ。でもやっぱり間口のことを考えたときには……みたいなことをすごく葛藤して、悩みました。アロマンティック・アセクシュアルの方をメインにした『恋せぬふたり』を私はやって、そのときはいろいろな意見ももらったけれど、結局その後、同じテーマだったり深掘りするドラマは出てきていないんですよね。「それでもやり続ける人は、結局のところ私しかいないんだ」みたいな気持ちが最近生まれて、ちょっと頑張ろ

う と思ってます（笑）。いろいろ言われるとやっぱりしんどくなるから、みんなやりたくなくなるだろうなと思うので。いろいろな意見で成長することもあるけれど、その意見が強すぎると、前例のない作品や、挑戦する作品は減ってしまうのではないかと思うこともありますね。

西森 この間、吉田さんにお話を伺ったときにも、前例がない企画は一般的に却下されることが多いので、『虎に翼』が、いろんな前例になるようにしたって言われてましたしね。それに吉田さんは、関心を持ったことに対してフットワーク軽く「同時進行で勉強しながら行こう」みたいな勢いがあるじゃないですか。

吉田 熟成させていたらもう私が書けるチャンスは来ないかもと思うから。怒られながらでもやったほうが良いと思うけど、やっぱり怖くて書けないという人もいると思いますね。私は、誤った部分があれば訂正していけばいいのにと思っちゃうほうです。

西森 吉田さんはそういうスタンスですよね。間違ったら訂正して、誤解されても訂正して、という。自分も、以前『韓国映画・ドラマ――わたしたちのおしゃべりの記録2014~2020』（二〇二一年）という対談本を出したんですけど、相手のハン・トンヒョンさんが年齢的にもいろんな面でも先輩で、私自身の当時の社会への認識の甘さを対談のたびに自覚させられて、なんとか少しずつ前に進む7年の記録という感じだったんです。読み返すと本当に恥ずかしいところもあるし、それを読んで率直に「成長したね」と言われることも多くて、間違ったら訂正して前に進むということの重要性が、すごくわかるんですよ。

繋がっちゃえばいいんだよ！

西森 吉田さんは、脚本家の横の繋がりはありますか？

吉田 この3年くらいですかね、同業の「同志」的な存在が増えましたね。そういう意味では、ふじきみつ彦さんの朝ドラが楽しみなんです。

西森 『ばけばけ』ですね。以前、吉田さんも出られたNHKのラジオ番組「ウチらと世界とエンタメと」に、ふじきさんと岡部たかしさんが出られていたとき、吉田さんもコメントで出演されていて、岡部さんとふじきさんが、吉田さんと一緒にお茶会をしたいって言われてましたね。お茶会は実現されたんですか？

吉田　まだなんですよ。朝ドラの制作が始まっちゃってるから、声をかけられないんですよね。しんどかったら連絡してくださいって伝えてますけど（笑）。

西森　そういう横の繋がりがあって良いですね。

吉田　本当に、すごく生きやすくなりました。なんか友だちというのとも違うんですけど。基本的に作家って孤独なんですよね。でも「繋がっちゃえばいいんだよ！」という気持ちです。

西森　昔は、同業者ってライバル同士だから、あまりいろんなことを話せないのかな？というイメージもあったんですけど、むしろ逆ですよね。それは私のようなライターでも同じ感覚です。最近になって、私は高円寺の「蟹ブックス」という書店で店番をやらせてもらうようになってから、エッセーや書評も書いている店主の花田菜々子さんとか、いろんな人とも交流の輪が広がって、なんとなく気が楽になりました。横の繋がりの大事さを感じるようになったし、わりと積極的に自分からも動いている感じです。ちょっとまた職業は違うけれど、こうやって吉田さんとも話せる機会があることも、すごく良いことだなと思ってます。

吉田 そう思ってもらえて嬉しいです。あとやっぱり事務所に所属してる人同士、みんな仲が良いので、そういう事務所にいるということも良いのかもしれないですね。横の繋がりがあると、「こういう仕事をするなら、こうするとスムーズだよ」とか、もっと言うと「こういうときはヤバいから気を付けてね」っていう情報共有もできますしね（笑）。

Profile
吉田恵里香（よしだ・えりか）
脚本家・小説家。代表作は、テレビドラマ『30歳まで童貞だと魔法使いになれるらしい』、『花のち晴れ〜花男 Next Season〜』、映画『ヒロイン失格』『センセイ君主』など。『恋せぬふたり』で第40回向田邦子賞、ギャラクシー賞、『虎に翼』でもギャラクシー賞を受賞。プライベートでは、4歳の男の子の母でもある。

あとがき

そもそもの始まりは、日本のドラマの中にフェミニズムを描いたものが、実はたくさんあるということを書きたくて始まった企画であったが、好きなドラマについて書いていくと、当然だが、フェミニズムを描いている部分もあれば、他の問題点を描いているものもたくさんあった。そうすると、私自身のフォーカスがいろんなところにいってしまった。

書いていくと、人が生きていく上で、どんな出来事に出会い、影響されるかによって、人々の道が分かれていくようなものに目が止まる。良い出会い、良い環境があればいいけれど、そうではない場合にはどうしたらいいのか、どんどんと現代の複雑な状況に対してのやるせなさが見えるようなものが増えてきた。

そんな見方を示してくれたのは、野木亜紀子さんの『ＭＩＵ４０４』であった。このドラマはまさに、人が何か不幸な分岐点があり、人生のスイッチが切り替えられようとするときに、腐らないで生きていける道を選んでほしいという願いが描かれていた。それは人生を選ぶ自分の視点でも見られるし、誰かの道を照らす人たちの視点でも見られるようになっていた。

その観点で他のドラマを見ていると、『宙わたる教室』などは、まさになんらかの理由で一度は進学をあきらめた人たちが主となる物語であり、彼らに学ぶことの楽しさを教える教師は、人生の分岐点で道を照らす役割を担っていた。

こうした「出会い」は、何もドラマの中で登場人物が誰かと出会って変わっていくということだけを示すわけではないだろう。我々、視聴者がドラマを見ることで、人生が変わるきっかけになることも大いにあるだろう。そんなちょっと気恥ずかしいくらいの気持ちも持ちながらこの本を書いた。

タイトルの「あらがう」というのは、書いていたら見えてきたテーマだと「まえがき」にも書いた。中には、のほほんとしたドラマもあると思われた方もいるかもしれない。しかし昨今は、ただ穏やかな暮らしをしたい、何の役に立たなくても生きているだけでいいと思うことすらはばかられるような状態になっているとも感じる。悲しいけれど、そんな世の中では、ただ「自分の人生を生きたい」と思うことすら、抵抗になっているような気がするのだ。

この本の文章を全て書いた後にも私はドラマを見ているが、野木亜紀子さんが脚本の二〇二五年の新春ドラマ『スロウトレイン』からも、ただ生きることが難しく、そしてただ生きることの何がおかしいのかというメッセージが見えた。

そう思えたのは、ただ単に私の見方によるものかもしれないが、ドラマは、意識していても、意識していないにしても、世の中を映す鏡になっていると感じるし、そのような作品が今後も作られてほしいと願う。

この本を書き終わった後も、私はドラマを見続けていきたい。

2021年

阿佐ヶ谷姉妹ののほほんふたり暮らし

脚本：ふじきみつ彦　演出：津田温子、堀内裕介、新田真三、佐藤譲　制作：NHK

2022年

エルピス —希望、あるいは災い—

脚本：渡辺あや　演出：大根仁、下田彦太、二宮孝平、北野隆　制作：関西テレビ

恋せぬふたり

脚本：吉田恵里香　演出：野口雄大、押田友太、土井祥平　制作：NHK

一橋桐子の犯罪日記

脚本：ふじきみつ彦　演出：笠浦友愛、黛りんたろう、加地源一郎　制作：NHK

2023年

こっち向いよて向井くん

脚本：渡邉真子　演出：草野翔吾、茂山佳則　制作：日本テレビ

大奥 Season 1

脚本：森下佳子　演出：大原拓、田島彰洋、川野秀昭　制作：NHK

SHUT UP

脚本：山西竜矢、いとう菜のは、的場友見　監督：児山隆、進藤丈広　制作：テレビ東京

フェンス

脚本：野木亜紀子　監督：松本佳奈　制作：WOWOW、NHK

2024年

燕は戻ってこない

脚本：長田育恵　演出：田中健二、山戸結希、北野隆　制作：NHK

団地のふたり

脚本：吉田紀子　演出：松本佳奈、金澤友也　制作：NHK

宙わたる教室

脚本：澤井香織　演出：吉川久岳、一色隆司、山下和徳　制作：NHK

虎に翼

脚本：吉田恵里香　演出：梛川善郎、安藤大佑、橋本万葉、伊集院悠、相澤一輝、酒井悠　制作：NHK

掲載ドラマ一覧

2015年

問題のあるレストラン

脚本：坂元裕二　演出：並木道子、加藤裕将　　制作：フジテレビ

2016年

逃げるは恥だが役に立つ

脚本：野木亜紀子　演出：金子文紀、土井裕泰、石井康晴　　制作：TBS

2017年

伊藤くん AtoE

脚本：喜安浩平、船橋勧、松井香奈、青塚美穂　演出：廣木隆一、毛利安孝、稲葉博文
制作：「伊藤くん AtoE」製作委員会、毎日放送

2018年

獣になれない私たち

脚本：野木亜紀子　演出：水田伸生、相沢淳、明石広人、　制作：日本テレビ

透明なゆりかご

脚本：安達奈緒子　演出：柴田岳志、村橋直樹、鹿島悠　制作：NHK

宇宙を駆けるよだか

脚本：岡田道尚　演出：松山博昭　制作：Netflix

2019年

わたし、定時で帰ります。

脚本：奥寺佐渡子、清水友佳子　演出：金子文紀、竹村謙太郎、福田亮介、坂上卓哉　制作：TBS

本気のしるし

脚本：三谷伸太朗、深田晃司　演出：深田晃司　制作：メ～テレ

2020年

妖怪シェアハウス

脚本：西荻弓絵、ブラジリィー・アン・山田、綿種アヤ　演出：豊島圭介、山本大輔
制作：テレビ朝日

MIU404

脚本：野木亜紀子　演出：塚原あゆ子、竹村謙太郎、加藤尚樹　制作：TBS

ファーストラヴ

脚本：吉澤智子　演出：宮武由衣　制作：NHK、TBSスパークル

なかなか「はて」と声に出せない女性たちも描くこと。『虎に翼』(p.218)

「道を切り開く女性だけでなく、その周りの女性を照らすことこそがフェミニズムである。朝ドラ『虎に翼』」『Hanako Web』2024 年 5 月 13 日 公開
https://hanako.tokyo/culture/433874/

自分の心を見つめることで「呪い」から放たれた男性たち『虎に翼』(p.224)

「『虎に翼』革新的だった“男らしさの呪い”からの解放　花岡と轟の人物造形に込められた思い」『Real Sound 映画部』2024 年 9 月 27 日 公開
https://realsound.jp/movie/2024/09/post-1792209.html

なぜ憲法第十四条の条文を聞いただけで、泣けてしまうのか『虎に翼』(p.230)

「『虎に翼』はなぜ“憲法 14 条”から始まるのか　ドラマが描く「法の下の平等」と“法がひっくり返される”危険」『弁護士 JP』2024 年 7 月 6 日 公開
https://www.ben54.jp/news/1284

なお、書籍化にあたり加筆修正及びタイトルの変更を行っています。

初出一覧

女の「角」は隠さなくてもいいと教えてくれる『妖怪シェアハウス』（p.48）

「『妖怪シェアハウス』の“ハッピーエンド”はどんな形に？　澪の“角”に込められた女性の生き様」『Real Sound 映画部』2020年8月29日公開
https://realsound.jp/movie/2020/08/post-609712.html
「『妖怪シェアハウス』が描いた抑圧からの解放　『アナと雪の女王』にはなかった“自由”の在り方」『Real Sound 映画部』2020年9月24日公開
https://realsound.jp/movie/2020/09/post-624317.html

男女逆転した江戸の世で、「子産み女」「種付け男」として生きる悲劇『大奥Season1』（p.86）

「『大奥』右衛門佐の涙ながらの言葉を忘れない　現代にリンクした“人として生きる”テーマ」『Real Sound 映画部』2023年3月21日公開
https://realsound.jp/movie/2023/03/post-1285147.html

団地で作られる関係性に癒されつつ、ふと「寂しさ」もよぎる『団地のふたり』（p.154）

「持ちつ持たれつの関係性や、心地よい共生の形を模索している姿を見るのは励みにもなる。ドラマ『団地のふたり』」『Hanako Web』2024年10月10日公開
https://hanako.tokyo/culture/452121/

分岐点で誰に出会うかで、その後の人生は変わるかもしれない『MIU404』（p.180）

「『MIU404』久住のセリフに込められた野木亜紀子の作家性　“自分の人生”を歩むために」『Real Sound 映画部』2020年9月11日公開
https://realsound.jp/movie/2020/09/post-616989_2.html

西森路代（にしもり・みちよ）
愛媛県生まれ。地元テレビ局、派遣社員、編集プロダクション勤務、ラジオディレクターを経てフリーライターに。主な仕事分野は、韓国映画、日本のテレビ・映画に関するインタビュー、コラムや批評など。2016年から4年間、ギャラクシー賞テレビ部門の選奨委員も務めた。著書に『韓国ノワールその激情と成熟』（Pヴァイン）ハン・トンヒョン氏との共著に『韓国映画・ドラマ――わたしたちのおしゃべりの記録2014～2020』（駒草出版）がある。

写真：土屋貴章　ヘアメイク：石田あゆみ　協力：吉田恵里香

あらがうドラマ「わたし」とつながる物語
2025年3月17日　第1刷発行

著　西森路代
デザイン　佐々木 俊（AYOND）
発行者　常松心平
発行所　303BOOKS株式会社
〒261-8501
千葉県千葉市美浜区中瀬1丁目3番地幕張テクノガーデンB棟11階
TEL. 043-321-8001
FAX. 043-380-1190

校正　小林伸子
印刷・製本　株式会社シナノ

Printed in Japan
ISBN　978-4-909926-43-2
NDC　778.8　C0074